後藤克典 著　江裕真 譯

來當一日
羅馬人

CG世界遺産 古代ローマ

序

「人類歷史上最偉大的國家是？」面對這樣的問題，我想，很多人都會回答「羅馬帝國」吧。

以地中海為中心，將當時大半已知的世界盡納於掌中，繁榮長達千年的羅馬帝國，要說她「當時在歷史上留下的足跡，迄今仍持續影響人們」，也不為過吧。這不只因為她在歷史上留下重要一頁，羅馬人的生活方式與態度，也一樣影響深遠。

眾所皆知，羅馬是以現在的義大利半島為中心興盛的文明。但我們在各種史料中看見的羅馬人，卻與現代開朗快活的義大利人形象不甚相同。從這個角度而言，羅馬人或許已算是一群「消失於歷史上的人」了。

不過，羅馬人所留下的，不是只有遺跡等建築物而已，就連留存於文獻等事物中的精神，至今都還持續向世人傳遞著某些訊息。實際看看羅馬的遺跡與遺物，你會十分訝異。當時的文明水準，會讓你覺得她只差沒有現代的「機械」與「最新醫療方式」而已。這不只可以讓我們研究歷史以及當時的文化，也是我們認識當時「人類」的絕佳教材。

本書就是要藉由後藤克典先生之手，試圖重現古羅馬遺跡與各生活層面的相關事物。

不過，CG數位影像（CG是Computer Graphics的縮寫，即利用電腦繪圖軟體製作的數位影像）並非如一般人想像，是一支可以無中生有的「魔杖」，它充其量只能在假想的現實空間中「做出」東西來，並不等於就是現實。本書中的圖像，是根據各種資料與文獻，或參考相關學說下，再添加本書獨有的解釋而製成的。但由於對古羅馬的一切仍有諸多未盡了解之處，目前我們無法保證書中的一切「百分之百正確」。此外，也有不少地方基於製作上的需要，而刻意省略。

即便如此，本書中所描繪的圖像，至少在兩千年前的羅馬確實存在有近似的東西，這是毋庸置疑的。而且從某種角度來看，這些圖像應該可以讓我們了解，當時人們所過的生活與我們今天的生活，其實並沒有太大的差別。也期盼各位在閱讀本書後，能在腦海中對過去的羅馬帝國與當時人們的生活產生各種想像。

目次 Contents

第一篇
羅馬的建築 1

古羅馬廣場

廣大羅馬帝國的中心

世界中心的小山谷

古羅馬廣場

山丘包圍的沼地
就是世界的中心

　　全球有多個地點都獲指定為世界遺產，但少有地方會把整個城鎮視為巨大遺產。如果再限定她是歐洲先進國家中、目前仍為首都城市並原封不動地把絢爛壯觀的遺跡都保存下來的，也只有羅馬了吧，而且是座落其中的「古羅馬廣場」。

　　位於古代羅馬中心位置的古羅馬廣場，位於目前羅馬市中心地點的威尼斯廣場旁邊，兩者間挾著卡庇多山丘。從威尼斯廣場面向競技場方向，該遺跡群是從競技場一直往右方延伸，有好幾個入口。一走下斜坡進入古羅馬廣場，樹木稀疏，是夏天日照強烈的地方。

　　現在舉目盡是觀光客的廣場，從「羅馬」這個字在歷史上出現以來，一直到羅馬帝國把勢力從歐洲延伸至小亞細亞乃至於非洲為止，都是其歷史文化與思想的發源地。

　　古羅馬廣場的出現，要回溯到公元前八世紀。這裡原本是排水不良的潮濕沼地。雖然並無明確繪出當時景象的畫作或紀錄存在，但似乎是個長滿蘆葦、水草等短莖水生植物，既難立足、衛生條件也不好的地方。

　　在包圍沼地的七個山丘上，住著古羅馬人與薩賓人（Sabine），彼此跨過沼地相互交流。不久，村落間產生融合，在到達某一規模後，加入了當時在北方握有勢力的伊特魯里亞人（Etruria）旗下。如此一來，讓情況為之改變。

　　伊特魯里亞人有很優秀的土木建築技術，藉由他們的技術興建大型地下水道後，沼地的水就排掉了，成為可以利用的平地。山丘上的居民於是搬到下方定居，從此不必像以前一樣麻煩地爬上山丘。自此，這裡就有「羅馬人的Foro」（Foro Romano）之稱，也就是「羅馬人使用的廣場、集會所」，後來也成為占據地中海世界偌大版圖的「大羅馬帝國」的中心地位。

人們集合於廣場上
決定國政

　　「Foro」這個字也是現代常用的「Forum」一字的字源，原本指的是大家集會或進行審判、商業活動、政治討論的場所。從現代的市鎮概念來看，古羅馬廣場不算大，

古羅馬廣場現在的樣子。照片是從與前一頁的數位影像完全相同
的角度拍攝的，請各位感受一下經過兩千年時光後的感覺。

充其量只有四、五百公尺見方的範圍而已。每逢戰勝，裡頭就設立紀念碑或雕像。

人們移住到這裡後，無人定居的山丘上就會興建起俯視市鎮的神殿或公共設施，讓廣場成為一條「聖道」，一直通往祭祀羅馬諸神的卡庇多山丘，就像日本的參道四周也會興建各種神社。此外，後世也在北邊的正門與交叉路口處，設立許多紀念性建築，例如，為紀念首位羅馬皇帝奧古斯都（Augustus）與安息人（Parthia，伊朗一帶游牧民族）達成和議而建造的門。

接著在羅馬脫離伊特魯里亞人統治而轉變為共和政體後，各種政治機關也逐一在這裡出現。為了舉辦共和政體各項大小選舉，人們集合在廣場上，提出各種觀點相互論戰。誰能夠在設置的講壇（Rostra）侃侃而談、展現魅力，就能獲得羅馬市民的高度歡迎。

「Curia」是為了讓元老院可以召開議會而興建的元老院議事廳，此外如進行審判與商業交易的「聖堂」（Basilica），也是古羅馬廣場的代表性建築。

在公元前四世紀左右，歷經幾度戰亂的羅馬，為了防衛市鎮，在周遭建立起十幾公里的城壁。這道「塞維安牆」（Servian Wall），目前仍留有部分殘壁。當時由於人口增加，居民很快就擴展到城牆外，使得城牆成為有名無實的東西。不過以破竹之勢拓展領土的羅馬帝國，軍隊無人能敵，人們也就沒有「生活遭到威脅」的危機感，其後數百年間，都過著毫無外來侵略的平靜生活。

凱撒、奧古斯都等皇帝
創建了新廣場

在這樣的社會情勢中，讓古羅馬廣場名副其實成為世界中心最頂尖城市的，應該是公元前47年就任獨裁官（Dictator）的凱撒（Julius Caesar），以及他那個後來成為首位羅馬皇帝的養子奧古斯都吧。他們不但改良了古羅馬廣場，也花費不少心力在令人感動的公共事務上，像是道路的整備、上下水道的建設與修復、城市的區域畫分等為世界都市羅馬建立基本架構的工作，以及在人口密集區興建低收入者居住的集合住宅等。

但另一方面，街上也經常發生災害。大火災發生過好幾次，而且自奧古斯都以後的帝政時代，歷代皇帝以其豐厚財力，一個接一個為自己興建豪華的宮殿，或是由於繼任者間的爭奪與權力的移轉等因素，多數這類建築不斷落入「毀壞後重建，然後再度遭到破壞」的循環，新建築又蓋在舊建築的瓦礫堆上。

其間在尼祿大帝（Emperor Nero）主政時，一場真相未明，但據說是尼祿自己放火所造成的大火災，讓古羅馬廣場與羅馬化為焦土，造成許多市民喪生。

另一方面，建築物也擴展到了市區之外。一講到古羅馬遺跡，腦海裡就會浮現圓形的「競技場」、「鬥技場」、「賽馬場」等設施。此外，把音響效果也考慮在內而建成的半圓形研缽狀劇場結構，也活用在現在的建築中。

還有，俗稱「羅馬浴池」的公共浴場，近

十八世紀古羅馬廣場的想像圖。當時古羅馬廣場有一半以上埋藏於地下，是人稱「母牛原野」的牧草地。針對過去古羅馬廣場遺址正式展開挖掘調查，是 1870 年代的事。

年來也蔚為風潮，變成所謂的「SPA」或「水療館」（Kurhaus）等休閒式浴池的範本。擁有挑高天花板與多個巨大浴池的公共浴場，也設置有更衣室、三溫暖、按摩中心等區域，內部還有庭園，簡直就和現代的水療館一樣。這類娛樂設施，據説成為市民的社交場所而熱鬧非凡。其遺跡仍存在於從古羅馬廣場可輕鬆徒步前往的距離範圍內，由此可知確實是市民在日常生活中頻繁利用的設施。

於是，歷史的洪流
吞沒了古羅馬廣場

　　隨著羅馬帝國不斷擴大，古羅馬廣場顯得狹窄，各皇帝於是在圍繞市區的山坡上，也開始建起廣場。後來，古羅馬廣場就從實行民主政治的地方，變成彰顯羅馬偉大與光榮的象徵；新廣場不再與生活習習相關，而帶有讓皇帝樹立更高威信的色彩。

　　目前殘存於古羅馬廣場的多數遺跡，幾乎都是基於這種紀念性意義而建的。紀念柱、凱旋門，以及天候不佳時用於舉辦集會或交易等活動的聖堂中設立的大型皇帝塑像等等，都讓原本就令人質疑是否實用的建築物，多了一股「權威」的感覺。

　　不過，後來帝政開始產生混亂，以及古羅馬廣場歷經幾度戰火，都讓這些散發世界帝國驕傲的建築，不斷遭到入侵的外敵所破壞。最後，羅馬帝國的領土分裂了，羅馬再也不是帝國的首都。公元 476 年，西羅馬帝國滅亡，東

羅馬帝國為重建新盛世，進入了所謂的拜占庭時期。與此同時，古羅馬廣場曾幾何時已隨著建築物的瓦礫，埋入泥土之中，原本用於建築的石材則移至他處做為建築材料。

　　中世紀時，那裡變成牛隻吃草放牧的草原。無論是過往的皇帝極盡奢華的建築物，還是廣場上人們的喧囂，全都像作夢一樣，消失得無影無蹤。堪稱世界中心的羅馬帝國曾把首都設置在此的記憶，一直到進入十九世紀、展開考古學上的調查挖掘之前，已完全從人們的腦海中消失。

古羅馬廣場見證了
羅馬的興衰

　　位於古羅馬廣場西北部、宏偉的「朱利亞聖堂」（Basilica Julia）前方，有個未必每張地圖都會記載的小殘跡，悄悄地遺留了下來。那是一塊稱為「拉庫斯‧克魯提烏斯」（Lacus Curtius），以石塊堆起來的小地方。在最初無法住人、只是沼地的古羅馬廣場裡，它是殘存下來的最後一塊沼地。

　　關於這裡有個傳說，在羅馬陷入絕境時，這片沼地變成一池深湖，英雄克魯提烏斯為了

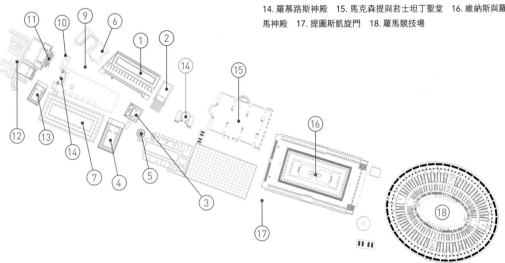

古羅馬廣場整體圖

1. 艾米利大聖堂　2. 安東尼與福斯蒂納神殿　3. 凱撒神殿與奧古斯都拱門　4. 卡斯托與波路斯神殿　5. 火神殿　6. 元老院　7. 朱利亞聖堂　8. 講壇　9. 黑石　10. 圓形洞穴　11. 賽佛留凱旋門　12. 國家檔案館、和諧女神神殿、維斯帕先神殿　13. 農神殿　14. 羅慕路斯神殿　15. 馬克森提與君士坦丁聖堂　16. 維納斯與羅馬神殿　17. 提圖斯凱旋門　18. 羅馬競技場

拯救羅馬，連人帶著他的愛馬跳了進去。羅馬帝國重精神世界，更重現實與實質，不斷重畫世界地圖，藉由融合失敗者而發展得更蓬勃，竟然會在象徵其權威的古羅馬廣場留下這樣的東西，著實教人訝異。

市民以及那些若無其事破壞他人建築物、興建自己建築物的當政者，為何會單把這裡小心翼翼地保存下來呢？誕生於此的諸多英雄、凱撒、奧古斯都、尼祿、圖拉真（Trajan）等人，是以什麼樣的心情，守護著「古羅馬廣場的起源，以及大羅馬帝國的起源『沼地』」的記憶呢？

正如「羅馬不是一天造成的」所言，古羅馬廣場這片土地，也是人們耗費漫長歲月，流汗流血，運用智慧與力量才造就出來的。

能夠名留史書的那些人，多半都以某種形式與這裡產生關聯。對活在現代的我們來說，在此誕生的社會思想，也成為我們社會思想的根源。跨越時光，把強烈影響力帶給遙遠後世的那些人的身影，以及他們經過這裡留下的足跡，克魯提烏斯之沼地，應該全都知道。其實，過去生活在古羅馬廣場的人們心目中真正的神，或許應該是這片「土地」本身才是。各位不這麼覺得嗎？

穿越時空之旅
古羅馬廣場巡禮

　　不論遺跡原本再怎麼氣派，一旦化做廢墟，依然很難單從眼前景象去想像當時的風貌。倘若建成時我們人就在現場，看到的會是什麼樣的世界呢？這麼奢侈的夢想，就讓它在這裡實現吧。走，超越時空之旅開始了！

Basilica Fulvia-Emilia　艾米利大聖堂
古羅馬廣場首屈一指的聖堂羅馬的金融中心

　　公元前 179 年，擊敗馬其頓國王的艾米利爾・保路斯（艾米利）將軍家族所捐贈的聖堂。所謂的聖堂，就是天候不佳時舉辦集會或商業交易的大型建築。比其他聖堂還大一號的這裡，也有匯兌業者等店家，據說經常都是熱鬧滾滾的景象。這樣的建築風格，據說是自東方傳入的。在羅馬，有權勢者捐贈公共物品彰顯自己的榮譽行為，是理所當然的。後來這裡遭受祝融之災而在奧古斯都時代重建，但公元後再次燒毀，又再次重建。

🏛 T. di Antonino e Faustina 安東尼與福斯蒂納神殿
羅馬皇帝安東尼・庇護獻給亡妻的神殿

　　羅馬皇帝安東尼・庇護在皇后福斯蒂納死後，於公元 141 年把這座位於雷吉亞（Regia）王宮對面的神殿獻給她。正面有階梯，是裝飾著六根科林斯式圓柱的前柱式設計，高 17 公尺的圓柱上有橫梁，是極其華美的神殿。據說福斯蒂納皇后美雖美，卻很花心，不過她的夫婿安東尼大帝死後也感情融洽地一起被供奉在這座神殿裡。現代則利用其基壇建造了教堂。

🏛 T. del Divo Giulio／Arco Aziaco
凱撒神殿與奧古斯都拱門
奧古斯都追思凱撒而建的神殿

　　左邊的是公元前 29 年，奧古斯都為頌揚他那留下偉大功績的養父凱撒而興建的神殿。這裡是凱撒遭暗殺、遺體火葬後，由後來與奧古斯都分庭抗禮的凱撒部屬安東尼（Marcus Antonius）發表追悼辭之處。前方設有指示火葬地點的祭壇，是個豎有愛奧尼亞式圓柱、講究樸實、簡單、堅決等概念，與凱撒十分相稱的神殿。右邊的是奧古斯都在亞克興海戰（Battle of Actium）中擊敗安東尼、凱旋而歸時，為紀念勝戰而建立的凱旋門。羅馬市民狂熱地投入為期三天的凱旋式，慶賀持續長久的內亂結束。

T. dei Castri 卡斯托與波路斯神殿
軍事國家羅馬的象徵性神殿

　　與凱撒神殿隔著聖道（Via Sacra）的神殿，興建於公元前 484 年。公元前 449 年，在羅馬軍與遭逐出羅馬的前羅馬國王所率軍力交戰的「雷吉勒斯湖之戰」（Battle of Lake Regillus）時，朱庇特與麗妲所生的兩個兒子、雙子神「卡斯托」與「波路斯」曾在尤托娜之泉（Spring of Juturna）向人們約定了羅馬的勝利，這座神殿就是為了要獻給他們而建的。它是軍事國家羅馬的象徵，奧古斯都也進行過修復。尤托娜之泉位於隔著聖道的東南內側。

Aedes Vestae 火神殿
六名處女祭司守護的火之女神「維斯塔」神殿

　　火之女神「維斯塔」神殿。神殿的火爐中，不斷燃燒著以多果實的樹枝相互磨擦而生起的聖火，以祈求多產與繁榮，並交由在初潮前就挑選出來的六名處女祭司守護。六月開始祭典時，神殿會開放給主婦進入。圓形建築物的內側房間，安置著一座雅典娜女神像，據說是由相當於羅馬建國始祖羅慕路斯的祖先、特洛伊的埃涅阿斯（Aeneas）所帶來的。女祭司的任期固定是三十年，十分講究血統純正。

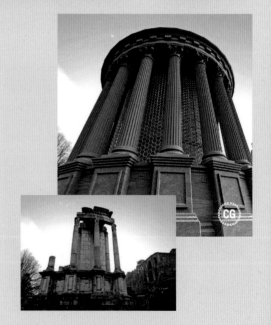

Curia 元老院
古羅馬廣場首屈一指的聖堂羅馬的金融中心

　　在古羅馬廣場中，稱為「Curia」的元老院議事廳，可以說是最具權威的場所了。一講到元老院，就是代表羅馬共和的名詞。這兒是擔負羅馬國政的元老院召開會議的議事廳，原本只是個露天廣場，後來在此興建了早期元老院。後來因火災燒毀，凱撒便又著手重建，在奧古斯都當政時期竣工。

　　雖然當時的元老院是由達官顯貴的一家之主集合而成，但隨國家的擴展，人數也愈來愈多，元老院因而幾度重新改建。

　　元老院不同於現代的議事廳，在四角形的建築物裡，只在四周設置座位，比想像中還陽春。此外，外牆也只是砌起紅磚、再塗上灰泥而已，十分乾淨質樸。不過，羅馬由共和政體變為帝制後，皇帝也一樣會尊敬元老院的想法，努力獲得元老院的贊同。也就是說，這棟建築物代表羅馬的保守傳統，也可以視為良心的象徵。

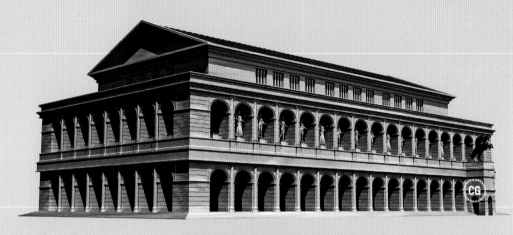

Basilica Iulia 朱利亞聖堂
凱撒為了凱旋紀念活動而建造的聖堂

　　一開始，是公元前 169 年，護民官格拉古兄弟的父親聖普羅尼斯（聖普羅尼亞）買下了丈人大西庇阿（Publius Cornelius Scipio Africanus Major）的家，開始在那裡興建聖堂。該建築物依其姓名命名為「聖普羅尼斯聖堂」。但在公元前 46 年，凱撒為了舉辦紀念自己凱旋的活動，宣布要修補它。不過由於破損遠比想像中嚴重，結果變成從地基開始整個重建。所謂的「朱利亞」（Julia），指的是凱撒的名字「儒略」（Julius）。

　　所謂的「聖堂」(Basilica)，就是讓人們集會、交談，以舉行審判或訴訟的建築。因此，內部設計為自由度很高的寬廣空間，中央空間的四周在一樓設置迴廊、二樓設置平台，以使他人能夠旁聽。此外，也考量到運用來自上方的採光，在從天窗照進來的光線中舉行各種會議。

Rostra 講壇
催生出無數英雄的偉大講壇

　　羅馬的學問與藝術是以修辭學為中心，因此對受高等教育的人而言，具備演説能力是必要的。在古羅馬廣場有個讓大家發表演説的講壇，「羅斯特拉」（Rostra）。之所以如此命名，是因為公元前 338 年安提烏姆之戰（Battle of Antium）時奪得的敵船衝角（羅斯特拉；譯註：一種安裝在船首的水線下方，用於戳破敵船的突出角狀物）被安裝在講壇的前方做為裝飾。

　　現在的講壇是公元前 44 年在凱撒要求下由原址移至現址，於奧古斯都時期完成的，寬 23.8 公尺、長 10.5 公尺、高 3 公尺。

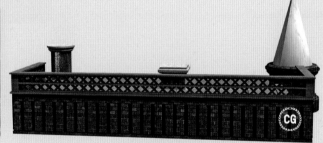

Niger Lapis 黑石
羅馬建國之父羅慕路斯的禁忌

　　元老院前方有個鋪設黑石圍起來的地方。這裡據説是與羅馬建國始祖羅慕路斯（Romulus）之死有關的禁忌之地。地底下有著呈ㄇ字型的祭壇與有如置物台的圓柱，還有個寫著最古老拉丁文字的石碑。

Mundus 圓形洞穴
與冥界相連、位於世界中心的世界肚臍

在講壇正後方這個直徑 4 公尺、紅磚製的特別圓柱，又有「安比利克斯・烏爾比斯」（Umbilicus Urbis）的別名，意思是「羅馬的肚臍」，象徵著這裡是羅馬的中心。此字也意指「與冥界的接觸點」，對羅馬市民而言應該是很特別的場所。羅馬身為世界最大的帝國，數百年間位處世界的中心地帶；古羅馬廣場是羅馬的中心地帶，這兒又是古羅馬廣場的中心，因此不妨把這裡想成是「世界的中心」、「世界的肚臍」。

Arco di Settimio Severo 賽佛留凱旋門
紀念公元 203 年戰勝安息 人而建造的凱旋門

公元 203 年，賽佛留大帝與兒子卡拉卡拉大帝、傑塔一起擊敗了安息人。為紀念此事，才在聖道北端建立了這座威風凜凜的凱旋門。它是以大小兩種拱門構成，高 21 公尺、寬 23 公尺。在刨過的大理石板上，把賽佛留大帝二度遠征安息與勝利的場面、長篇的碑文，以及豐富的裝飾全都一起刻了進去。

國家檔案館

維斯帕先神殿

和諧女神神殿

農神殿

Tabularium／Tempio della Concordia／
Tempio di Vespasiano e Tito
國家檔案館、和諧女神神殿、維斯帕先神殿
建於卡庇多山丘的兩座神殿與公文館

　　在古羅馬廣場西北端，聖道走到盡頭的地方矗立著高聳的建築群中，最底側的是公元前 80 年、獨裁官蘇拉時代，為保管法律等國家紀錄而興建的國家檔案館。建於其前方的，是圖密善（Titus Flavius Domitianus）大帝為祭祀父兄兩位大帝而建造的維斯帕先神殿；其右方的建築物是公元前 367 年，為紀念貴族與平民和解的《李奇尼亞·塞克斯提亞法》（Lex Licinia Sextia）通過而建造的和諧女神神殿。時至今日，國家檔案館幾乎整個都已變成羅馬市政廳的地基了。斯都時代重建，但公元後再次燒毀，又再次重建。

Tempio di Saturno con erario　農神殿
獻給播種與農耕之神薩圖努斯羅馬興建的第一座神殿

　　它是共和政體成立後不久的公元前五世紀初，在羅馬興建的第一座神殿。這座獻給播種與農耕之神薩圖努斯（Saturnus）的神殿，被視為羅馬最神聖的場所。此外它又稱做「總庫」，在神殿深處還設置了收藏國家財寶的國家資金保管庫。另外，在凱撒以「骰子已經擲了」（Alea jacta est，譯註：喻「事已至此，無論如何都要果決地做到底」）一語聞名，也就是他渡過盧比孔河（Rubicon River）、進軍羅馬之時，此保管庫也被撬了開來，運走黃金做為戰爭用的軍費。公元三世紀末，這裡遭祝融之災，因而重建。

c.d. T. di Romolo 羅慕路斯神殿
馬克森提大帝為追思夭折兒子而建造的神殿

　　這座神殿前方的屋頂呈圓形凹弧，設計得很有個性。據說是四世紀之初，馬克森提（Marcus Aurelius Valerius Maxentius）大帝為紀念早夭的兒子羅慕路斯（譯註：與羅馬開國之祖為不同人）而建造的。這座神殿的建設有著各種不同說法，也有人說是把公元前三世紀、羅馬開國之祖羅慕路斯用來向朱庇特祈願的地點重建而成的。青綠色的門由於後來為教會所用，到現代都還保存良好。

Tempio di Venere e Roma
維納斯與羅馬神殿
哈德良大帝為祭祀兩位女神而興建的神殿

　　位於古羅馬廣場東端，自競技場通往古羅馬廣場的「聖道」旁的神殿，是哈德良大帝為了與羅馬建國有關的「維納斯」（Venus）和「羅馬」（Roma）兩位女神而建造的。這座排滿圓形列柱，宏大、絕美、氣派的神殿，是把兩位女神的神殿背靠背地安置。旁邊可以隔著緊鄰的大型尼祿塑像遠眺競技場。

Basilica di Massenzio e Costantino
馬克森提與君士坦丁聖堂
據說是古羅馬建築中最大型氣派的聖堂

在北側一處稱為「維利亞」的山丘上，有著這麼一座聖堂。該聖堂是公元 306 年由馬克森提大帝著手興建，卻在 312 年完成於擊敗馬克森提而成為西羅馬帝國正帝的君士坦丁之手。它是古羅馬建築中最巨大氣派的建築之一，由三條走廊所構成，據說建築物最裡側置有君士坦丁大帝的大型塑像。建築的設計是以帝政後期皇帝的中廳式浴室為藍本，後來在文藝復興時代也成為提供發想線索的一大來源。

Arco di Tito 提圖斯凱旋門
公元 71 年，提圖斯大帝紀念鎮壓巴勒斯坦暴動而建造的凱旋門

　　位於古羅馬廣場南邊帕拉提諾山丘（Palatino Hill）入口處、聖道終點的這座凱旋門，是當地歷史最悠久的一座。為紀念提圖斯大帝（Emperor Titus）於公元 71 年在耶路撒冷成功鎮壓巴勒斯坦暴動，9 年後提圖斯之弟圖密善大帝建造了它。提圖斯大帝的性格十分慈悲而穩重，據說是在其父皇的命令下才出兵的。拱門的內側刻有搭乘四頭馬車凱旋歸來的提圖斯、搬運戰利品「七叉燭台」的士兵們，以及凱旋隊伍的模樣。令人驚嘆的是正上方也刻了提圖斯乘鷹升天的樣子。

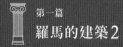 第一篇
羅馬的建築2

卡庇多山丘

諸神居住的神聖山丘

卡庇多廣場

目前，卡庇多山丘的頂部變成卡庇多廣場。正面是市政府，左右的
建築物是卡庇多利尼美術館。

廣場入口的左右兩側有卡斯托與波路斯的大型塑像，廣場中央則是
奧理略大帝銅像的複製品。順便一提，真品保存在卡庇多利尼美術
館中。館內展示了神殿的地基，以及羅馬時代的珍貴雕像等美術品。

卡庇多山丘
與羅馬諸神

　　「卡庇多」與帕拉提諾山丘（Palatino Hill），都是羅馬極其重要的地點。

　　公元前八世紀左右，史前羅馬人開始在環繞於台伯河沿岸濕地的七座山丘上定居下來。隨著人口增加，他們運用了學自伊特魯里亞人的土木技術，把下方的廣闊濕地改造為平地，在那裡建立城市，從而往山丘下方搬遷。當時，統治者試圖研究該如何運用不再是居住地的這些山丘。

　　由於卡庇多山丘比其他山丘還靠近台伯河，再加上有三面是斷崖絕壁，原本就是最適於防衛的地點，是設置都市的絕佳場所。不過在最頂端的區域由於太過狹窄，很難發揮做為街道的功能，對那些已經有平地在手的羅馬人而言，並不是一個能好好生活的地方。

　　因此，他們為朱庇特、朱諾、密涅瓦等守護人民的神祇建造了神殿，把能夠居高臨下俯瞰城市的地點活用到極致。自那時起，在名實相符地長期成為羅馬帝國中心的帝都古羅馬廣場裡，神祇所居住的卡庇多山丘，就充滿了前來參拜的人潮。

　　一講到世界帝國羅馬的發展史，毋庸置

疑，神殿群的宏偉莊嚴、絢麗豪華的程度，絕對遠超過我們的想像。但可惜的是，當時神殿的模樣，現在已完全看不到了，只有在建於卡庇多山丘卡庇多廣場上的「卡庇多利尼美術館」後方，還看得到朱庇特神殿露出地基而已。請各位以本書 28 至 29 頁的重現景象，想像當時的輝煌吧。

傳自希臘的羅馬諸神

祭祀朱庇特、朱諾、密涅瓦三神的卡庇多山丘，是羅馬少數的精神「聖域」之一。

最早建立羅馬的那群人，對於古代世界文化的中心「必然存在」的「神」，看法出乎意料地薄弱。對他們而言，神和現代我們所講的「精靈」或「靈魂」等東西差不多，會依附在身邊任何東西之上而不斷出現，可以說沒有人格、外形、實體，甚至連名字都沒有。以這一點來說，算是近似於日本的八百萬個神（譯註：《古事記》中所記載的神道教神祇數目，但並不表示真正數字，只是形容「很多神」）或和羅馬以地中海相隔的古埃及諸神。

只是，羅馬人對於這些神的存在，原本似乎不太有「信仰」的想法。但後來隨著外來文化漸漸融入，這些原本讓人漠視的諸神，漸漸地變得需要一些確切的外形與性格。不過羅馬幾乎所有的神都是借用自希臘，充其量只是與日常生活、權力、政治等事項毫無關係的象徵而已。

羅馬人現實得教人吃驚，大體上對任何事都要求有實質意義。亞洲人即便在現實社會中，也會試著在「禪」或「氣」等無形體、精神世界的力量或神祕事物中找尋價值；但羅馬人則完全相反。因此，羅馬並沒有所謂的「神話」存在，反而是如許多學者所認為的，他們習慣在後世再把歷史事件轉變為「神話」的形式。

不過另一方面，也有人認為他們是拿傳說中的神話來捏造歷史，但為何如此尚不清楚。目前已經知道的事實是，公元前 500 年左右開始，羅馬就受到希臘的影響，把希臘神話裡的神名換成自己的神名，當成是自己民族的神來看待。

即便如此，羅馬人一看到卡庇多山丘上燦然閃耀著光輝的神殿與諸神的大型塑像，想必感受到超越人智的存在，而且對於在本質上追求實際的他們來說，帶著實際形體俯瞰自己的諸神模樣，也無疑成為他們的一大心靈慰藉而受到歡迎。

這是有證據的，羅馬諸神的名字，在後來近代西洋的天文學中，像是星期幾、月份名稱，或是行星、彗星等與「天空」相關的東西上，都多所使用。

例如，祭祀於卡庇多山丘的朱庇特（Jupiter）就是希臘神話中的天神宙斯，在英語系國家代表著木星。以神的身分而言，朱庇特是天空之神與氣象之神。

此外，朱庇特的妻子朱諾（Juno），也是六月（June）一字的字源，而她的別名莫妮塔（Moneta），據說也因為後來朱諾

朱庇特神殿

公元前五世紀建造的朱庇特神殿，是寬 53 公尺的巨大神殿。直接採用當時堪稱先進文化的希臘與伊特魯里亞風格，有著伊特魯里亞式的正面階梯，以希臘式圓柱支撐橫樑，還有高聳的三角屋頂。這樣的風格，對後來歐美的建築美學帶來很大的影響，尤其成為主掌行政、法律、歷史的建築物。左為主神殿裡的主神，朱庇特之像。

編按

羅馬七座山丘位於羅馬心臟地帶台伯河東側。根據羅馬神話，其為羅馬建城之初的重要宗教與政治中心，當時的七座山分別為凱馬路斯（Cermalus）、契斯庇烏斯（Cispius）、法古塔爾（Fagutal）、奧庇烏斯（Oppius）、帕拉蒂尼（Palatium）、蘇古沙（Sucusa）與威利亞（Velia）；而傳說中羅馬城最初是由羅慕路斯於帕拉蒂尼山上興建。而現在其餘六座山則與古代稱呼不同，分別為阿文庭山（Collis Aventinus）、卡庇多山（Capitolinus）、奎里納爾山（Quirinalis）、維彌納山（Viminalis）、埃斯奎里山（Esquilinus）與西蓮山（Caelius）。

卡庇多山丘全景

位於古羅馬廣場中心位置的卡庇多山丘，較古羅馬廣場高
35 公尺，視野絕佳。順著城裡的路走來，一到達丘頂，就
是祭祀天空之神朱庇特、其妻朱諾，以及密涅瓦三神的神
殿，以及用於進行各種祭祀儀式的祭壇或附屬設施。

從卡庇多看到的古羅馬廣場

連結卡庇多山丘與古羅馬廣場的山坡。現在雖然只有觀光
客才會爬上去，但在兩千年前，在祈求戰爭獲勝等場合，
爬上這道通往山丘的斜坡，本身就是神聖的「聖道」。順
便一提，當時的斜坡與現在的不同。

卡庇多廣場

現在卡庇多廣場的設計，出自於十六世紀米開朗基羅之手。
此外，由正面望去的卡庇多利尼美術館，是世上開放參觀
的美術館中歷史最悠久的（1734 年起）。

神殿變成貨幣鑄造所，而成為現代「金錢」
（money）的字源。除此之外，諸如太陽神阿
波羅（Apollo）、戰神馬爾斯（Mars）、愛
與美女神維納斯（Venus）、智慧女神密涅瓦
（Minerva）、商業之神墨丘利（Mercury）、
月亮暨狩獵女神戴安娜（Diana）、海神涅普
頓（Neptune）等羅馬諸神的名字，都是我們
耳熟能詳的。

羅馬最高的神殿 —— 卡庇多

　　諸神中，卡庇多山丘的神殿祭祀了居中心
地位的三位神祇，因此有「最佳的朱庇特神
殿」之稱，在目前所知的神殿中，規模最大。
公元前 83 年，這裡雖遭祝融肆虐，但由於原
本建造得極其堅固，幸而又在相同的平面上重
建起來。當時，還從希臘雅典的奧林匹亞運來

大理石圓柱使用。從目前殘留的遺址來推測，
圓柱的高度將近 17 公尺，可以想見是超乎尋
常的宏偉。

　　在此講述一個關於卡庇多山丘與神殿的趣
事。羅馬時代的白鵝是從現在法國東北部趕到
羅馬去的。在漫長的移動過程中，白鵝似乎記
住了負責趕牠們前進的高盧人身上的強烈體
臭。後來，高盧人密謀征服卡庇多山丘時，關
在山丘上神殿裡的白鵝，一聞到悄悄接近的高
盧士兵體臭後，就彷彿想起漫長旅程的辛勞似
地，全都一起大叫起來。經此騷動，全城的人
都注意到高盧軍隊的入侵，起而防範對方攻占
卡庇多。

　　後來，古羅馬廣場的居民開始尊稱白鵝為
「羅馬卡庇多（朱庇特神殿）的白鵝」。不過，
即便如此，我們倒沒聽說當地的居民自那時起
就不吃鵝肉了。

羅馬城從崛起
到盛極而衰

羅馬仍持續影響現代社會

「條條大路通羅馬」。

很多人都知道這句名言吧。但這句話可不單單只是諺語而已，因為，要說羅馬文明是現代社會的原型，並不為過。

例如，人人都知道的美國總統府「白宮」，沿用了來自希臘、羅馬的建築風格；奧運會或世界盃足球賽中坐滿全球觀眾、座位呈研缽狀的橢圓形競技場，也是在羅馬時代確立的。鋪設的道路網或議會政治制度等等，也都是誕生自羅馬文明。世界雖有各種國家與各種文化，但現代社會的基本形態正是西歐文明與文化，也是不容否定的事實。而西歐文明的原點就是根據羅馬時代，特別是都市羅馬，而成形的。

羅馬的建國源於羅馬城的誕生

羅馬的誕生，有她流傳至今的傳說。

愛與美女神維納斯的兒子埃涅阿斯（Aeneas）為振興遭消滅的特洛伊，在台伯河口建立了「拉維尼烏姆」（Lavinium）這個國家。戰神馬爾斯與女祭司就在那裡生下雙胞胎兄弟雷慕斯（Remus）與羅慕路斯（Romulus）。

兩人在台伯河上漂流，流到帕拉提諾山丘的岸邊，為母狼所救，並飲其乳水成長。長大後的羅慕路斯在帕拉提諾山丘的岸邊留下記號，於公元前 753 年建設城市，據說這就是「羅馬」的開始。但是另一方面，雷慕斯卻因為侵害了羅慕路斯這神聖的領域，而為他所殺。「羅馬」（Roma）這個名字，就是來自於「羅慕路斯」。

順便一提，「羅馬帝國」的說法，是來自於拉丁語「Imperium Romanum」的翻譯，「Imperium」有「支配權（統治權）」的意思，所以「羅馬帝國」代表著「羅馬的支配權所及之範圍」。

羅馬的歷史，可以回溯到公元前八世紀左右。當時，拉丁民族在台伯河河岸建造了泥牆與稻草屋簷的房屋，零散地形成幾個聚落。後來，他們與在附近畜牧維生的薩賓人共同生存，這些聚落就一面融合，一面集中到以帕拉提諾山丘為首的七座山丘去，發展成跨山丘的都市。據傳這就是羅馬的起源。

過去與現在的古羅馬廣場

1. 古羅馬廣場 2. 羅馬競技場 3. 帕拉提諾 4. 馬西摩競技場 5. 馬切羅劇場 6. 波圖努神殿 7. 赫克力士神殿 8. 提伯利納島 9. 龐培劇場暨迴廊遺址 10. 萬神殿 11. 帝國議事廣場 12. 許願池 13. 卡拉卡拉浴場 14. 奧理略紀念柱 15. 塞維安牆遺跡 16. 戴克里先浴場 17. 圖拉真浴場遺址 18. 奧古斯都陵墓 19. 聖天使古堡 20. 聖彼得大教堂

羅馬的中心古羅馬廣場的誕生

　　山丘之間有小河流，也有會發生瘧疾等疾病的濕潤沼地。公元前六世紀，這裡變成由在義大利中部有勢力的「伊特魯里亞人」的國王所統治。伊特魯里亞有很高度的文化，也長於土木建築技術。他們活用技術，在低地的地下建設大型下水道，把沼地的水透過下水道直接排至台伯河，土地在改良後就可以整地準備建築了。接著又鋪上石頭，讓不乾淨的濕地脫胎換骨變成適於生活的廣場。

　　這裡的下水道，經過近三千年的時間，到現在都還持續發揮功能，把污水排到台伯河去。由此而建成的廣場，就是「古羅馬廣場」（Foro Romano）。「foro」有「長方形空地」的意思；現在表示同好者聚在一起的集會場所的「forum」一字，也是以此為字源。

　　自那時起，這裡就成為影響後世深遠的最重要都市——羅馬的基礎。位於卡庇多山丘山腳下的古羅馬廣場，除了有市場、集會、審判等活動外，也會舉辦展覽、角鬥士比賽、儀式，或是行刑。另一方面，之前他們居住的那些山丘，則建造了神殿或各種設施。在高於古羅馬廣場 35 公尺的卡庇多山丘上，就建造了祭祀城市守護神朱庇特、朱諾與密涅瓦的神殿。

　　此外，在伊特魯里亞的統治下，羅馬幸運地學會了文字、軍隊組織等構築文明社會所需要的知識或技術。因此累積些許勢力的羅馬，在公元前五世紀放逐了伊特魯里亞系的國王，終於催生出人類史上第一個共和政體的國家。

建設城牆以防禦外敵入侵

　　在行政上，是採取以擔任無給公職人員的市民代表、元老院，以及執政官為主的合議制。執政官的任期為一年，由市民選舉產生，不過雖說是共和政體，但在檯面下，還是由貴族或權勢家族的代表，也就是身為「部族長」的「元老院」在操控，並未給予羅馬大多數平民參與政治的權力。

　　即便如此，羅馬仍以由民兵組成的重裝步兵做為一大戰力，逐一擊敗鄰近小國，不斷擴大勢力與發展；後來在公元前 494 年，羅馬設立了維護平民的特別職位「護民官」的制度，總算確立平民相對於貴族的政治權限。其後，羅馬歷經高盧統治期、與迦太基間的戰爭，以及進攻希臘、馬其頓與敘利亞而持續擴張。

　　此時，羅馬總算建造了用於防衛城市的 10 公里城牆，圍住這七座山丘。它是當時歐洲最長的城牆，現在還有一部分留下來，也就是現在的「塞維安牆」（Servian Wall）。後來人口增加迅速，城市不斷朝城牆外側擴大，不過後來五百年間，羅馬都沒有再建設從外圍住的城牆了。

　　羅馬在公元前二世紀，已成長為跨越地中海東西的巨大國家，擁有廣大的幅員與行省，所以實際上也沒有什麼敵人，會大到讓她非得建外牆不可。有了來自麾下各地的豐富金錢與物資，羅馬變得愈來愈富貴繁榮，而身為其中心的古羅馬廣場，也興建了各種建築物。

　　最 具 代 表 性 的 建 築 就 是 「 元 老 院 」

（Curia），現代稱為「議會」。元老院與市民集會的廣場，以及進行演說的講壇「羅斯特拉」（Rostra），三者構成「科米茲歐」（Comizio）的政治核心區域，就像現在東京的永田町那樣。建築物本身來自於伊特魯里亞與希臘的建築文化，但也活用了羅馬所開發、當時最先進的混凝土工法。

編按：永田町（ながたちょう，Nagatacho）位於日本東京都千代田區南端，有很多重要的政府機關單位，是日本國家政治的中樞地區。

凱撒改良下的羅馬

在公元前二世紀至一世紀左右嶄露頭角的，是鼎鼎大名的龐培（Gnaeus Pompeius Magnus）、凱撒，以及克拉蘇（Marcus Licinius Crassus）。這三人展開了「三巨頭政治」，不過其中以軍人身分獲得成功，在民間有著壓倒性人氣的凱撒掌握實權，最後成為「終身獨裁官」。凱撒不但建立無數戰功，也致力於整建古羅馬廣場一帶，並著手訂定道路維護、清掃、水道、污水、警察、消防等與人民相關的法令。不過如日中天的凱撒，卻以一句「你也有份嗎，布魯特斯？」（Et tu, Brute?）而留名至今的布魯特斯（Marcus Junius Brutus）與卡修斯（Gaius Cassius Longinus）等人的暗殺，而不甘心地畫下人生句點。

不久，為父報仇的凱撒養子屋大維與凱撒的副指揮官安東尼雖然承繼其權力，但由於意

羅馬人的服裝視身分與年齡決定服裝與顏色

在此介紹一下古羅馬人的服裝。一講到羅馬人，很多人可能會想到印象中那種裹著布般的裝扮，這種衣服其實叫做「Toga」（長袍），只有成年的羅馬市民才能穿。

羅馬的男子 17 歲就算成年。小於這個年紀，別人不會把你當大人，也不准你參加戰爭。也就是說，羅馬長袍是成年的象徵。羅馬長袍是以一塊橢圓形的布做出來的，長度達身高的三倍之多。當然，長袍很不容易穿，通常都需要奴隸等人幫忙。長袍的顏色代表階級，皇帝與凱旋歸來的將軍穿的是紫色底（紫色的衣服十分昂貴）、繡上金線的長袍。左圖這位男性所穿的，是只有元老院元老才能穿的深紅邊長袍，貴族或僧侶則穿紅邊或紫邊的長袍。其他如哲學家穿藍色、神學家穿黑色、醫生穿綠色等，一般市民則只有單色，或是天然羊毛色。

此外，未成年的孩子，以及平民或奴隸穿的是一種叫 Tunica（短衣）的及膝衣服。據說成人回家後也是穿 Tunica。女性的衣服則有左圖那種比 Tunica 要長的樣式。本圖雖為無袖，但據傳女性一般都穿長袖。各種顏色都有，但以較淡的明亮顏色居多。

見不合，兩人分道揚鑣。在亞克興海戰役中，屋大維擊敗了投向埃及艷后克麗歐佩特拉七世（Cleopatra VII Thea Philopator）的安東尼，從元老院那裡獲得「奧古斯都」（受尊敬者）的稱號，成為實質上的第一個羅馬皇帝。從他開始，羅馬展開帝政時期，也成為歐洲史上最大的帝國。

奧古斯都在古羅馬廣場的整建上，也花了不少心血。

他把此時已有百萬人口的羅馬畫分十四塊，配合人口的分布徹底整建都市基礎架構。此外，他也逐一興建公共設施，現今仍殘留許多在他指示下誕生的建築物。

令人深感興趣的是，政治上堪稱讓人耳目一新的奧古斯都，對於建築風格與設計，為什麼會重視古希臘傳統？毫無疑問，這是因為保守沉穩的美術風格，正象徵他所期盼的共和政體傳統。此外，羅馬原本就沒有自己的風格或文化，或許是想藉由建造傳統建築，來炫耀自己的存在吧。

輝煌的帝政時期與基督教的成立

本身全無任何產業的羅馬，需要領地或行

省以取得支撐國家的財源。財源一旦中斷，羅馬立刻就會垮下。因此，她經常都以擴大新領土為目標，背負著必須永無止境侵略的宿命。但對不得不把家人送出去當兵的人民而言，這樣的宿命太沉重了。累積下來的不滿，漸漸為羅馬帶來了平靜但嶄新的變革。

耶穌基督誕生於奧古斯都當政時期。他倡導神之前人人平等的全新概念，不難想像因而抓住了為嚴苛生活所苦的貧困市民的心。以社會底層的人民為中心，此一新興宗教漸漸地在整個羅馬帝國流行起來。

但耶穌在提庇留大帝（Tiberius Caesar Augustus）在位時遭到處死。其後一陣子，羅馬在多位皇帝帶領下，進入輝煌時代。尼祿雖以「暴君」稱號聞名，但他是否真如電影等作品中描寫的那麼殘暴，其實毫無證據。不過，年紀輕輕就當上皇帝的他，據說看重文化價值更甚政治。他致力於推動詩詞朗讀或劇作演出等文化事業，也著手興建許多豪華的宮殿、劇場、公共浴場等建設。此外，他當政時為了徹底掃蕩基督教徒，據說因而引發大火災，但這方面也沒有確切證據。不過，此時的羅馬據說已因人口膨脹過多，而陷入失序狀態，街上一片混亂。

尼祿自行指揮放火，或許是想藉由大火災破壞羅馬，再讓她重建起美麗的街道。此外，

尼祿自殺後，繼任的皇帝在尼祿宮殿的原址建造圓形競技場、浴場等多項紀念性建築，再加上圖拉真皇帝也派兵遠征到當時稱為「大夏」（Dacia）的羅馬尼亞，讓羅馬帝國的領土達到史上最大。為建造廣場與市場，部分包圍古羅馬廣場的山丘因而遭鏟平，改變了自古以來的景象。

哈德良大帝則是個殫精竭力於統治全國的賢明皇帝，也留下無數建築物。繼位的安東尼大帝雖為羅馬帶來一段安寧時期，但到了奧理略大帝的時代，邊境的部族就開始蠢蠢欲動了。奧理略大帝也在接連的親征中辭世。

其後，國內外開始發生動亂的羅馬，在戴克里先大帝的決斷下分為四塊統治。在他退位後，把首都遷至米蘭的西羅馬帝國，由於天主教教派鎮壓異端以及與抵抗勢力間的交戰，於公元476年滅亡。

另一邊的東羅馬帝國更名為「拜占庭帝國」，一度將羅馬納入勢力範圍。但羅馬本身在六世紀時受到東哥德族入侵，後來也因為聖彼得在此殉教，而在定位上漸漸變為「基督教中心」。

進入八世紀後，神聖羅馬帝國確立，義大利各地形成都市國家。自那時起，「羅馬」這個名字，就變成只是延用到後世的都市名稱了。

殘存於羅馬的古羅馬遺跡

殘存於羅馬的古羅馬遺跡除古羅馬廣場外，羅馬還留有許多古羅
馬時期的遺跡。在此介紹其中較主要的幾項。

Pantheon 萬神殿
流傳至今令人驚嘆的建築技術

有「全神」之意的 Pantheon，是西洋建築史中最重要的建築之一，也是古羅馬
時期的建築中唯一幾乎保存當時模樣的遺跡。

它原本是由第一任皇帝奧古斯都的左右手阿格里巴（Marcus Vipsanius
Agrippa）在公元 27 年所建，但在公元 80 年遭逢祝融肆虐，公元 117 年，哈德良大
帝又予以重建。這種外觀獨特、稱為 cupola 的圓頂建築，據傳是哈德良大帝引進的。
順道一提，正面圓柱上方的山形牆下的碑文，寫著「本建築由阿格里巴所建」。

自那時起，萬神殿就用於審判或是謁見皇帝之用。公元七世紀，拜占庭帝國的皇
帝把它捐贈給羅馬教皇後，這裡就做為基督教教堂持續使用，因此當時的樣子就此保
存下來。

萬神殿不只具有歷史價值，從建築物的角度來看，也有令人驚嘆之處。

圓頂的直徑 43.3 公尺，高度也是 43.3 公尺，就圓頂建築而言大到讓人驚嘆。
十五世紀時，布魯涅內斯基（Filippo Brunelleschi）雖然也在聖母百花大教堂
（Basilica di Santa Maria del Fiore）上方架設略大於此的圓頂，但真正要建出更大
的圓頂建築，要等到鋼骨工法登場的十九世紀以後了。

圓筒形的部分高 30 公尺，所使用的混凝土塊大小達 6.2 公尺，支撐著上方巨大
圓頂的重量。圓頂部分為了減輕重量，愈上方就做得愈薄，到達稱為「oculus」的圓
形天窗部分，也只有寬 1.2 公尺而已。從圓頂歷經了一千九百年的歲月，仍安定持續
存在原地，應該也能充分了解其構造之正確吧。萬神殿目前仍持續地具體展現出羅馬
建築令人讚嘆的先進程度及其精髓。

羅馬時代的萬神殿想像圖

羅馬時代的萬神殿,並不像現在只有本殿獨立存在而已,而是像當時羅馬的神殿一樣,後方有個以圓柱走廊圍起來的廣場。此外,地面高度也比現在低。據說半圓球狀的圓頂當時是青銅製的瓦片再鍍上金,後來才換成鉛製的。

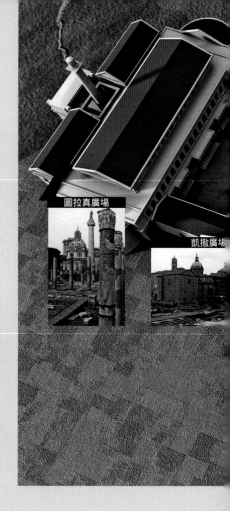

圖拉真廣場

凱撒廣場

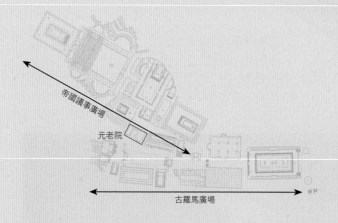

帝國議事廣場

元老院

古羅馬廣場

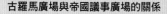

古羅馬廣場與帝國議事廣場的關係

從這張地圖可以看出來，第一座「凱撒廣場」，是蓋在元
老院的背面；接著帝國議事廣場才以它為中心擴展開來。
選擇這樣的地點來建設，應該也可以看成是凱撒在暗示他
對於新政治體制（就結果來說是成為皇帝）的看法。

出自凱撒之手的第二個廣場 **帝國議事廣場**
凱撒著手興建的新廣場

「Fori Imperiali」的意思是「皇帝們的廣
場」（Fori 是 Foro 的複數形）。這個「帝國
議事廣場」，由五個廣場所構成，每個都是由
在位時的羅馬皇帝興建的。

一開始會動工，是因為在共和政體末期，
身為羅馬這個國家中心的古羅馬廣場已顯過
窄，有必要再建造新廣場。於是，凱撒就在後
來稱為「帝國議事廣場」的地方，建造了第一
座廣場。

他以大筆資金買下與元老院相連的土地，
一方面改造古羅馬廣場，一方面也建設新廣
場。新的廣場四周環境雙重柱廊，中心有凱撒
騎馬的塑像，中央的內側則設置祭祀祖先、守
護神「勝利女神維納斯」（Venus Victrix）的
神殿。

凱撒遭暗殺後，繼位的奧古斯都在建造自
己的廣場時，選擇祭祀復仇之神「馬爾斯・烏
爾托」（Mars Ultor）。這除了在強調「為凱
撒復仇」外，也帶給別人「我是凱撒繼位者」
的印象。

圖拉真市場

奧古斯都廣場

從這些例子可以知道，帝國議事廣場的建設，一方面也是為了要在帝政初期的羅馬城，表現出「皇帝」這種新地位的權威。

在那之前，古羅馬廣場除了是羅馬帝國首都羅馬的象徵性場所外，也是同時具備元老院、金融街等實用場所的地方。但與之相比，帝國議事廣場裡頭的廣場，全都是由皇帝自己親手打造，具有「展示皇帝權威」的特徵，是帶有強烈宣威色彩的建築群。

或許就是因為如此，帝國議事廣場的建設，只集中在短短一個世紀半內，建築也多半建造得美侖美奐。

壯麗的帝國議事廣場雖然是做為羅馬新標的物而建造起來的，但隨著羅馬帝國衰亡，其存在也就遭到漠視，和古羅馬廣場一樣，曾幾何時埋沒到地底下去了。

挖掘作業雖然在十九世紀展開，但1930年代，掌握義大利法西斯政權的墨索里尼，卻以「要建設與首都相稱的大道」為由，把很多部分又埋回到瀝青之下，以建造一條由圓形競技場直線延伸到威尼斯廣場的「帝國議事廣場大道」。在近年的發掘之下，目前約可看見整體的百分之五十。

Foro di Traiano 圖拉真廣場
羅馬史上最大最美的廣場

　　圖拉真大帝在公元 107 年建造的廣場，據説是由羅馬史上最偉大的建築家，大馬士革的阿波羅多魯斯（Apollodoro di Damasco）所設計。在 300 公尺×180 公尺的範圍中，建設了廣場、堪稱羅馬最美的聖堂、兩座圖書館，以及神殿等設施，成為羅馬最大的廣場。此外，在建設之時，為取得廣大土地，還把奎里納爾山丘（Quirinal Hill）的斜面削掉，進行大規模整建工程。

　　然而，目前其模樣已幾不可見，只剩下圖拉真紀念柱還殘留下來。此圓柱高約 30 公尺，螺旋狀表面刻有遠征大夏（今羅馬尼亞）的場面，長達 200 公尺，上頭所描繪的兩千五百個人像，將當時的情景流傳至今。此外，原本柱頂放的是皇帝塑像，但在十六世紀時換成聖彼得的塑像。

Mercati di Traiano 圖拉真市場
現在仍留有大多遺跡的紅磚所建市場

　　與圖拉真廣場相接處，有個利用奎里納爾山丘斜面建成的市場。它是公元 100 年左右由圖拉真大帝建造的市場，據傳與廣場一樣是由阿波羅多魯斯設計。

　　這裡是由最高六層樓的建築所構成，共有多達 150 間商店。一樓賣蔬菜水果，二樓賣油或紅酒等，各層分門別類，據説還有附屋頂的商店街。

　　以排列成一個大圓弧、複雜建築為特徵的圖拉真廣場，主要是以紅磚所造，部分使用白色石灰華。目前這裡仍保存完好，讓我們得以一窺當時人們生活情景。

Foro di Cesare 凱撒廣場
羅馬的革命家興建的新羅馬風貌

　　公元前 54 年起建造，是帝國議事廣場中最古老的廣場。位於緊鄰元老院的北側，為 160 公尺×75 公尺的狹長形狀，雙重的列柱廊背後建有許多店鋪。中央立有凱撒的騎馬塑像，中央內側則建有據傳為凱撒祖先的「勝利女神維納斯」神殿。

　　目前仍可以看得到的是列柱迴廊的一部分，以及部分維納斯神殿的遺跡。

圖密善大帝私人住所的奧古斯塔納宮殿（Domus Augustana）遺址。

從古羅馬廣場所見的帕拉提諾。

尼祿的地下通道。

奧古斯塔納宮殿旁的競技場。據說做為賽馬場使用。

找到的當時壁畫狀況仍相當良好。

圖密善大帝宮殿的官邸「弗拉維亞宮殿」（Domus Flavia）內的噴水池遺址。

Palatino 帕拉提諾
皇帝或貴族居住的高貴山丘

　　位於古羅馬廣場南方的山丘稱為帕拉提諾山丘，在帝政時期建了許多高聳的皇帝宮殿。

　　「帕拉提諾」這名字來自狩獵女神帕拉斯‧雅典娜（Pallas Athena），山丘一隅有個據說是羅馬建國之祖的羅慕路斯所住小屋。共和政體時期，羅馬的富裕階層都競相在此居住。

　　首位羅馬皇帝奧古斯都的居所也在這裡，之後的皇帝也在此興建大型宮殿，歷經幾世紀後，這裡變成皇帝的住所。女神的名稱自始變成目前「宮殿」（英文是 palace，義大利文是 palazzo）的字源。

　　目前可見的多數遺跡，多數是圖密善大帝在帕拉提諾因公元 64 年的大火中燒毀後，才重新再建造的基礎部分。不過目前也已經發現年代久遠的奧古斯都家，以及其妻利維亞（Livia）家的遺跡；尤其是利維亞家的壁畫，也以很好的狀態保存下來。

　　目前的帕拉提諾，只有十六世紀時法爾內塞家族（Farnese Family）在這裡建造的庭園（據說是全球第一個植物園）一角廢墟保留下來。在這小小的山丘上俯瞰的古羅馬廣場、羅馬競技場與羅馬街景，雖然已經完全不同於古羅馬的皇帝們所看到的景象，卻是相當適合我們憑弔那個時代的好地方。

Isola Tiberina 提伯利納島
遺留至今的醫療之島

　　提伯利納島是由卡庇多山丘往西步行五分鐘左右，位於馬切羅劇場背面附近，可觀看南北向流經羅馬的台伯河。這裡是羅馬市內的台伯河唯一的河中小島。

　　這座島在公元前三世紀爆發惡性傳染病時，曾建造過醫療之神阿斯庫勒比爾斯（Aesculapius）的神殿。後來這兒一直做為收容病人、治好病痛的島嶼來使用，目前在上游也建有醫院，讓羅馬市民看病。在沒有「隔離傳染病」知識的那個時代，或許把島當成醫院是出於一種「生活智慧」的發想吧。

　　此外，也有傳說認為島的本身就是船觸礁所形成的，公元前一世紀據說這裡還有船形的裝飾。

　　連結這座島與東岸的法布雷西奧橋（Ponte Fabricio，上圖）是公元前 62 年所建，歷經幾次修復後，目前也仍在使用。此外，另一頭的切斯提奧橋（Ponte Cestio）也是公元前所建。

Foro di Augusto 奧古斯都廣場
向羅馬市民宣揚首位皇帝權勢的廣場

　　在凱撒後繼位的奧古斯都，也持續興建廣場。公元前 42 年，他在凱撒廣場的旁邊、位於直角上的地方建造了自己的廣場，定位在凱撒暗殺復仇戰的「腓立比戰役」（Battle of Philippi）之前就決定好。廣場的大小達 125 公尺 ×118 公尺，以復仇之神「馬爾斯‧烏爾托」的神殿為中心。

　　實際竣工是在 44 年後的公元 2 年，神殿旁置有高達 14 公尺的奧古斯都巨型塑像，因此雖以為凱撒復仇為名目，事實上卻變成用來大大宣揚奧古斯都威名的建築。

　　目前還能看到的是照片中神殿的部分，外面鋪上白色大理石，並以八根圓柱支撐。這裡供奉的是凱撒的劍等文物。

Teatro di Marcello 馬切羅劇場
凱撒企畫的大劇場

在馬切羅劇場街上從卡庇多廣場往西移動，可看到成為此街名字由來的劇場遺址。

這裡是凱撒策畫做為羅馬第一座正統劇場的地方，由繼承其遺志的奧古斯都在公元前 11 年左右完成，取用奧古斯都英年早逝的姪子之名，命名為馬切羅劇場。

劇場是帶有 41 座拱門與兩種柱式的兩層建築，部分地方還有三樓，高約 35 公尺，觀眾席呈半圓形，直徑有 135 公尺，據說可容納一萬五千人，但目前已不可見其模樣。劇場前的三根柯林斯式圓柱是屬於公元前五世紀所建，為公元前 34 年於劇場前再建的阿波羅神殿（Tempio di Apollo Sosiano）所有。

羅馬滅亡後，這裡成為當時貴族的所有物而加以改造，但有時候也做為要塞使用，十六世紀則一直是宮殿。目前該建築的一部分仍充當公寓使用。

Castel Sant'Angelo 哈德良大帝陵寢
後來做為城堡使用的歷代皇帝陵墓

位於梵蒂岡東側、台伯河沿岸的，是稱為「聖天使古堡」的要塞。原本這裡是公元 123 年哈德良大帝開始建造做為自己的陵墓，而在 139 年安東尼大帝當政時完成。其後約 100 年間，成為到卡拉卡拉大帝（Caracalla）為止的歷代皇帝陵墓。公元五世紀，這兒做為要塞使用，其後也充當過監獄或羅馬教皇的避難所，因此保存狀態極其良好。89 公尺見方的地基與圓筒形建築雖為當時所建，但其上的塔樓是十五世紀所建。在還是陵墓時，據說是以植物覆蓋，並立有皇帝塑像。

Tempio di Vesta　火神殿
據說為祭祀赫克力士的最古老大理石建築

　　從馬切羅劇場開始再從馬切羅劇場街往下走，會走到真理之口廣場（Piazza Bocca della Verità）。這附近是羅馬初期就繁榮的商業地帶，有個買賣家畜的地方，叫「波阿里歐廣場」（Foro Boario）。

　　聳立於此的圓形神殿，形狀與位於古羅馬廣場的火神殿很接近，所以稱為火神殿，不過據說祭祀的是當時養牛人所信奉的赫克力士。

　　這座神殿是公元前二世紀後半的建築，也是目前羅馬所存最古老的大理石建築。它據傳是希臘籍建築家赫莫多羅斯（Hermodorus）的作品，特徵是在圓筒形建築物之外有 20 根柯林斯式圓柱包圍，據說當時還有橫梁與屋頂。

Bocca Dela Verita 真理之口
評斷真理的嘴其實是下水道蓋子？

　　有個教會常可看到許多觀光巴士或觀光客前來。科斯梅丁聖母堂（Basilica di Santa Maria in Cosmedin），是八世紀所建的悠久建築，不過觀光客感興趣的並非這所教堂地板上美麗的馬賽克圖案，而是電影《羅馬假期》中有名的「真理之口」（La Bocca della Verità）。

　　它是立在教堂入口處附近、有著人臉模樣的浮雕，傳說中只要把手伸進它張開的嘴裡，說謊者的手會被切斷。當然是沒有人真的被切掉啦。事實上，有人說這浮雕是古羅馬時期下水道的蓋子。

Tempio di Portuno 波圖努神殿
羅馬殘存最古老的建築

　　與火神殿並列目前羅馬最古老的建築。地點也在真理之口廣場上、緊鄰火神殿。神殿建造於公元前六世紀，相當古老，在此可一窺希臘羅馬時代神殿建築的原始樣貌。

　　這裡據說在共和政體時期是港口，因此神殿祭祀的也是河港之神波圖努（Portunus）。羅馬的神殿多半如此，是根據與當地的關聯性而建立的，這點與日本的神社可謂相當接近吧。

　　建築物是細長的四角形，前廳有四根愛奧尼亞式的圓柱，是以義大利採掘而得的白色大理石，也就是石灰華建成；其他三邊都是半圓柱。據說在建造時這些柱子都覆蓋上仿大理石的灰泥。

托斯坎柱式

據說是伊特魯里亞人所催生出來的柱式，沒有什麼裝飾，很牢固。多半造得比感覺相同的多利克柱式還粗。

多利克柱式

來自希臘的柱式，用於木製神殿。據說是公元前七世紀所開發，形態單純的柱頭給人剛強的印象，就像男性。

愛奧尼亞柱式

據說是公元前六世紀在愛琴海的小亞細亞形成的柱式。特徵在於上方的相連漩渦，其細緻的裝飾與形狀就像年輕女性。

科林斯柱式

公元前二世紀出現的柱式。裝飾豐富，像成熟女性，很受羅馬人喜愛。與愛奧尼亞柱式的複合形態稱為「複合柱式」。

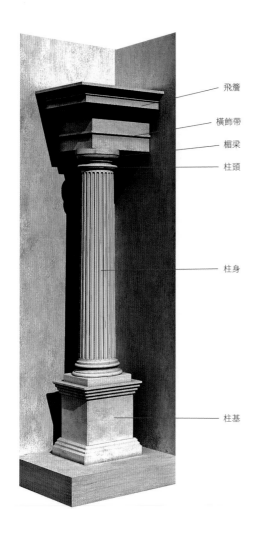

飛簷

橫飾帶

楣梁

柱頭

柱身

柱基

柱式的基本結構

柱式是由圓柱與柱頂楣構（entablature）構成的，基本
上，柱頂楣構由上而下依序是飛簷（cornice）、橫飾
帶（frieze）、楣梁（architrave）、柱頭（capital），
但細部多會因為所建年代不同而有異。

古典建築的
基本柱式

源自希臘的裝飾化柱式

　　所謂的柱式，就是常見於希臘、羅馬建築
的那種圓柱，以及頂部與柱頂楣構的設計形式
與尺寸比例原則。古羅馬的建築在初期幾乎直
接擷取希臘建築的形式，因此柱式也常見於羅
馬建築中。原本在希臘建築中只有三種柱式，
到了羅馬時期增加為五種。

　　不過，這些都只是外觀而已，「柱式」的
稱呼是到文藝復興時期，建築家才在把古典建
築的規則類型化時使用了這個詞。

　　柱式固然是直接承襲自希臘建築，但在羅
馬建築中，也由於運用混凝土工法等因素，發
展出特有的形式，也就是併用在拱形建築上。
同為結構材料的柱式與拱形，由於原理完全不
同，原本是無法併用的。於是羅馬人不把柱式
當成結構材料，而開始當成裝飾來使用。凱旋
門或羅馬競技場等建築，雖然是以拱形做為結
構材料，但柱式也存在其中。也就是說，透過
拱門與柱式的同時使用，實現了更帶裝飾的美
麗建築外觀。

　　當成裝飾來使用的柱式，在文藝復興時期
再次受到好評，近代建築中也經常運用。

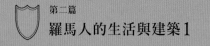

圓形競技場

擔負「麵包與馬戲」角色的羅馬競技場

CG

羅馬競技場

在圓形競技場中舉辦的角鬥士競賽，是古羅馬文明特徵的文化之一。這些活動在我們眼中固然十分殘酷，不過倒蠻能引起人們興趣的。以電影《神鬼戰士》（Gladiator）為首，各種以此為題材的電影、書籍等作品，多到不可勝數。其魅力究竟何在？在此要為各位介紹羅馬現存的最大圓形競技場「羅馬競技場」，以及在此戰鬥的角鬥士（gladiator）的模樣。

角鬥士決鬥的史上最棒最大舞台

有一句話可以用來形容羅馬帝政時期的社會體制，就是「麵包與馬戲」（Panem et Circenses）。

這裡所講的「麵包」代表主食麵包的原料小麥，而「馬戲」則代表各種表演，也就是在當時的羅馬，國家為市民免費提供糧食與娛樂。

而在食衣住之中，已可不必擔心「食」的部分，社會祥和，老百姓所熱衷的，就只有「馬戲」了。不過這裡的「馬戲」，並非現代那種娛樂活動，而是指戰車比賽或賽馬、角鬥士拿命相搏的比賽，以及模擬獵殺猛獸的激烈殺戮表演。

在組成羅馬帝國的都市中，大多會設置圓形競技場，雖然或多或少會有大小上的差異，但是很少有例外。這種型態的競技場，一般稱為「圓形劇場」（amphitheatrum），大都市的較大型，小城市就依人口規模建造適合當地的競技場。

當時的競技場，有部分仍殘留遺跡於羅馬統治過的區域，目前仍可看見其模樣。其中堪稱最氣派也最有名的，就是羅馬的「羅馬競技場」了。這應該沒有人會反對吧？

這座羅馬競技場較長的那一邊全長 188 公尺，較短的那邊是 156 公尺，形成一個巨大的橢圓形結構，外牆的高度近 50 公尺。這樣的大小，以及座位達四層樓的規模感，絕對不輸現代的大型體育場。

耗費十年歲月才完成的巨大建築

羅馬開始興建這座巨型競技場，是維斯帕先大帝（Caesar Flavius Augustus）在位的公元 70 年。公元 68 年尼祿大帝自殺後，在區區一年多的時間內，就有加爾巴大帝（Servius Sulpicius Galba）、奧托大帝（Marcus Salvius Otho）、維特里烏斯大帝（Aulus Vitellius Germanicus）這三位一即位就馬上下台的皇帝。興建羅馬競技場，也是為了在結束

羅馬競技場的過去與現在

現在的中央競技區，已經沒有座位等細部結構了，但當時卻是堪稱娛樂殿堂的壯麗構造。據說實際觀眾人數高達五萬至七萬人，不過啟用的慶祝表演似乎連續舉辦一百天，以當時羅馬市民而言，算起來等於每個人跑去看了七次，瘋狂程度由此可見一斑。

上述混亂時代、謀求安定的時期，以這樣的措施來做為市民服務的一環。

　　但如各位所見，它是這麼一座巨大的建築物，因此此建築工程事實上花了十年的時間。完成建造的，是維斯帕先大帝的兒子提圖斯大帝（Titus Flavius Vespasianus），在完成的公元80年，還舉辦盛大的落成儀式。

　　此外，據說當時尚未以「Colosseo」或「Colosseum」稱之，而是採用與興建它有關的兩位皇帝的家族名，命名為「弗拉維爾斯競技場」（Amphitheatre Flavius）。

　　後世之所以改以「Colosseo」稱呼這座競技場，是因為拉丁文中有個字「colossus」是代表「巨大的東西」，因而成為其暱稱；但也有一種說法是，興建的地點是之前尼祿大帝的

宮殿原址，而尼祿大帝的巨型塑像（Colosso di Nerone）依然遺留在競技場內，以之為名。

內部結構連細節也考慮，還有地下室

　　羅馬競技場的結構，與現代體育場極為酷似，令人訝異。這樣設計，有幾個明顯的優點。

　　首先是身為競技場中心的舞台，稱為中央競技區，是比賽進行的地方，其正面最前排是皇帝專用的陽台座位，對面的另一邊正面設置執政用的陽台座位。這兩個座位間的觀賞席，是元老院的專用座位。

　　後方是一般市民的座位，愈往後方愈往上方，社會階級就愈低，是最底層市民與自由奴

隸的座位。

　　不用説，這些座位之間劃分得相當嚴謹，也有讓市民更加了解帝政時期羅馬身分制度的用意。此外，這類競技場與其他公共設施根據身分制度劃入座順序的方式，據説是奧古斯都大帝所制定的。而令人意外的是，競技場最上方是女性專用座位。這與該女性屬於何種階級並無關係，而是只要是女性就劃分到這裡。

　　之所採取這樣的措施，主要的理由據説是要避免角鬥這種表演可能會敗壞道德。不過想到角鬥也無法讓道德就此敗壞，因此這樣的制度在當時是否真的嚴格正確地加以運用，就很讓人懷疑了。制定這種制度的奧古斯都大帝還在位時姑且不論，但愈往後面的時代，應該就是愈來愈形式化了。

　　再回來看看中央競技區，其中一隅為角鬥士進場的入口，這點與現代的拳擊場一樣。在電影中，多半把中央競技區的地板描寫為地面，但以羅馬競技場而言，卻是採用人工地板，下方還有地下室。目前留存的羅馬競技場裡，這片地板已完全不見，地下室整個露出來。

　　地下室設有角鬥士的休息室、放置角鬥的猛獸牢籠、存放小型用具的倉庫，但也設有讓戰敗的角鬥士離開，或是讓猛獸可以馬上放出去的「升降台」之類的設施。

　　另一方面，羅馬競技場等圓形競技場據説也會利用其他人工設施進行軍事表演，像是在廣場中設置注滿水的人工池，再以真船進行模擬海戰（雖説是「模擬」，其實就是玩真的賭

命殺戮）。

再加上羅馬競技場的舞台裝置絲毫不輸現代，姑且不論其身為「血腥殺戮場所」的本質，而從「綜合性娛樂設施」的觀點來看，古羅馬時代或許還比現代做得徹底、做得有創意得多呢。

角鬥士競技把各種表演都考量在內

在圓形競技場舉辦活動，會於幾星期前就在街頭公告內容，再毫無遺漏地免費把入場券發給想觀賞的人。這種入場券稱為「tessera」，是用黏土板或骨頭做的。

不難想像，活動當天，通往競技場的道路一早就很擁擠，街頭也充斥賣東西的小販。這些小販也獲准進入競技場內，看膩表演的觀眾可以喝酒吃東西，適度喘口氣。這種事在現代的體育場也一樣存在。此外也會把對戰表，也就是現代所謂的節目單發給觀眾，不少人都據此賭一把。

表演項目從早上就展開，一開始是稱為「pompa」的活動，由出賽的角鬥士列隊進場。這個部分對主辦者與贊助者來說，是重要的露臉機會，也是對大眾自我推銷的場合，但

地下部分的構造

地下部分都是用來收容動物，或是收藏其他表演所需道具的小房間。這些東西有一部分從羅馬競技場的人工地板往下開口，再從那裡搬上去。從地板突然現身的動物，是讓觀眾大感驚訝、百看不厭的機制。

上圖的數位影像，是重現當時把動物往上帶到中央競技區的設計。由此可知有考慮到如何安全把猛獸帶到中央競技區。

4 最上層—女性座位

3 第三區—自由奴隸等下等階層的座位

2 第二區——一般羅馬市民的座位

1 第一區—元老院元老、
騎士等上等市民的座位

羅馬競技場的構造與觀眾席配置

羅馬競技場在建築設計上也考量到觀眾的動線。觀眾席分為四大區：

1. 第一區是最靠近中央競技區的地方，設有元老院元老等人的座位，其上
   方是騎士與上等市民的座位。
2. 第二區是一般羅馬市民的座位。
3. 第三區位於圓柱狀牆壁的上層部分，是自由奴隸等下等階級者的座位。
4. 第三區再往上，是最上方的女性專用座位。

此外，屋頂設有可以掛上布簾遮陽的設備。皇帝席是設計成永遠不會有太
陽直射，一般座位也有每天不會照到陽光 20 分鐘以上的設計。

當權者為贏取人氣而舉辦角鬥士競技，對觀眾的貼心程度似乎還在現代
的表演活動之上呢。

尼祿的巨型塑像

如前所述，羅馬競技場原本叫做「弗拉維爾斯競技場」。目
前名稱的字源，據說可能是因為下層競技場旁的尼祿（據說
外形是仿太陽神）巨型塑像（colosso），在當時依然存在所
致。順便一提，「colosso」有「巨人」的意思。

古羅馬廣場與羅馬競技場

以數位影像技術把當時的建築與物件合成到目前羅馬競技
場附近的模樣。緊鄰此區可以看到位於古羅馬廣場東側、
由哈德良大帝興建的「維納斯與羅馬神廟」。由此可知，
羅馬競技場的興建地點，正是羅馬的中心地帶。

Meta Sudante

在尼祿的巨型塑像旁，有一座提圖斯大帝所建造、叫做「Meta Sudante」的噴水池，意思是「流汗的 meta」。之所以這麼命名，是因為噴水池與戰車競技的折返點「meta」形狀很像所致。目前在挖掘調查中。

據說沒有什麼人氣，有點無聊。

進場完畢，就是稱為「鬥獸大會」（venationes）、仿獵殺猛獸的表演。從羅馬帝國的廣大領土中運來的各種猛獸，會不斷放出來遭到殺害。到此為止是上午的節目。

接著從下午起，終於展開人與人之間的互殺比賽。一開始是以處決「罪犯」（noxii）為名的殺戮表演，這部分的對戰方式，有時候是放出幾十個罪犯塞滿中央競技區，讓他們互殺到最後只剩下一人為止，有時候則是由全副武裝的老練角鬥士展現「殺人方式」。

處決完罪犯，接下來總算要揭開由角鬥士們一決死戰的序幕了。先登場的，是稱為「meridiani」的二線角鬥士。

輸的一方並非必死無疑

一般來說，角鬥士都是一對一戰鬥，但多半情形下，中央競技區不會只有一組角鬥士比賽。為使所有觀眾都能看到表演，也會同時進行多組對戰。有時候在戰鬥中，角鬥士的訓練師（doctor）也會跟到現場指導。這就像在現代看拳擊比賽一樣，令人深感興趣。不過，這並不表示訓練師就一定是支持哪位角鬥士的。

比到最後，若有任何一方倒地而無法繼續戰鬥，首先要確認輸家的生死，如果已死亡就到此為止；如果一息尚存，如何處置就由主辦者決定。即便力有未逮而敗戰，如果在戰鬥過程中賣命演出而讓觀眾瘋狂，通常都能保住一命。因此，並不是輸的一方就必死無疑。

大家比較常聽到的，「殺了他」是以豎起大拇指再往下比來表示，而「饒他一命」則是反方向的動作；不過事實上卻是相反，「殺了他」的指示，才是豎起大拇指往上。

保住一命的角鬥士，會直接送到休息室接受治療。而未獲饒命的失敗者，就當場以短刀切斷其延髓，結束其性命。此外，贏家獲得應得的獎賞後，就退回休息室去的做法，也和現代的格鬥技沒有兩樣。唯一不同於現代的只有「以性命相搏」這點而已。

隨著比賽的進行，戰鬥也會進入高潮。在此登場的是稱為「primus palus」的高等角鬥士。他們之間的比賽不折不扣就像拳擊賽中爭奪世界冠軍一樣，無論在爭奪名譽或經營表演事業上，都深具讓主辦者與觀眾雙方為之瘋狂的魅力——更何況這還是搏命演出呢。根據所留下的記載，在比賽中殞命的高等角鬥士，在徵得皇帝同意後，會為他舉辦盛大的喪禮。

Secutor

「追擊角鬥士」。基本裝備與魚人角鬥士相同，不過在頭盔上開兩個小洞是其特徵。由於頭盔較重、呼吸困難，必須速戰速決。武器使用短劍，多半與投網角鬥士對戰。

Hoplomachus

「重裝角鬥士」。不過裝備本身與色雷斯角鬥士並無太大差異，特徵在於除使用短劍（gladius）外，也會使用矛等其他武器。至於為何會以「重裝」形容，並不清楚。

角鬥士

據我們所知，在以圓形競技場為舞台的殘酷戰鬥場裡，置身其中的角鬥士們，主要是依其造型與裝備的不同，而區分為幾個種類。在此針對各種不同的角鬥士加以解說一番。

賭上自己性命而戰的鬥技場明星

在古羅馬的歷史中，角鬥士的比賽到底是在何時何地開始舉辦的，目前已不可考。

在目前遺留下紀錄的競技比賽中，最早的是在公元前三世紀左右，但應該可以視為在那之前就已經存在了。

古羅馬士兵在擴大領土的戰爭中，自行學會使用各種武器與戰法。

如果把這些學到的技巧中與一對一戰鬥特別有關的武器與戰法匯整起來，藉以歸納角鬥士類型，其實並不為過。

一般認為，角鬥比賽中的戰鬥方式，基

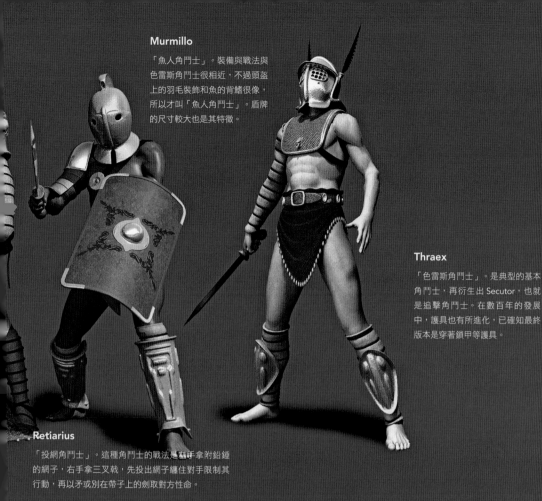

Murmillo

「魚人角鬥士」。裝備與戰法與色雷斯角鬥士很相近，不過頭盔上的羽毛裝飾和魚的背鰭很像，所以才叫「魚人角鬥士」。盾牌的尺寸較大也是其特徵。

Thraex

「色雷斯角鬥士」。是典型的基本角鬥士，再衍生出 Secutor，也就是追擊角鬥士。在數百年的發展中，護具也有所進化，已確知最終版本是穿著鎖甲等護具。

Retiarius

「投網角鬥士」。這種角鬥士的戰法是左手拿附鉛錘的網子，右手拿三叉戟，先投出網子纏住對手限制其行動，再以矛或別在帶子上的劍取對方性命。

CG

本形態就是來自羅馬早期與伊特魯里亞人作戰時的戰法。

　　羅馬的角鬥士史，毫無疑問是從凱撒在位以來的兩百年間大肆發展，確定其型式。裝備的樣式，有附防護面罩的青銅製頭盔、各種形狀的大小盾牌、堅固的護脛、保護整個持劍手腕的護墊型防具等等，都是基本配備。一般而言，武器多半會用稱為「gladius」的短劍，不過尺寸與形狀仍有多種變化。

　　另外，去看他們的腳，會發現全都打赤腳，而且也不穿那種包住胸部或大腿的護甲。防具如此輕便，相較之下頭盔卻那麼堅固，讓人覺得有些奇怪，不過據傳這是為了在角鬥比

賽中避免對方出其不意一擊得手後，就讓你失去戰鬥能力所致。此外，穿戴防護面罩也有另一種目的，就是防止交戰的角鬥士間因為認出彼此是朋友，而失去戰鬥意志。

是奴隸、罪犯，也是英雄的角鬥士

　　奴隸或罪犯死不足惜？

　　角鬥士這種身分，並不容易舉現代的職業為例子來說明。如果以「在大群觀眾面前以自己的身體為武器，透過認真地比賽來維持生計」來看，或許就像現代的 K－1 戰士，不過現代的格鬥技即便標榜「玩真的」，也不可能

殘存於全球的競技場遺跡

競技場遺跡中尤以羅馬競技場最有名，但龐貝也留有圓形劇場（左圖）。除此之外，
南法曾為羅馬殖民都市的亞耳（Arles），也有據考建造於公元一世紀的競技場，狀態
良好地保存下來（右圖），對外開放參觀。目前到了夏天，也會在此舉辦鬥牛活動。
據說鬥牛是受到羅馬的角鬥比賽影響，從中可一窺當時角鬥比賽的景象。

會連命都不要。

　　然而，若能成為實力堅強的角鬥士，獲得
有力人士的贊助也就沒什麼稀奇了，而且在市
民之間的地位也會有如英雄一般。從這樣的說
法來看，就與格鬥技中的大明星相去不遠了。

　　不過另一方面，有人認為，所謂的角鬥
士，也不過只是表演的一部分，通常都是「用
過即丟」。面對這種看法，事情就變得複雜
起來。古羅馬的角鬥士，究竟是什麼樣的人
物呢？

　　古羅馬的角鬥士，基本上不會是一般市
民。要說他們來自什麼階層，大多是出身
奴隸。

　　會在羅馬的奴隸市場變成買賣商品的，主
要是隨國家擴大勢力而增加的戰俘。既然原本
就是士兵，就有成為角鬥士的資質。不過前往
競技場觀賞角鬥比賽的觀眾也都深知他們的出
身，角鬥士再怎麼驍勇善戰，基本上還是會被
當成奴隸。

　　當然其中也有例外。角鬥士的世界固然社
會地位很低，但若能成為少數幾個人氣角鬥
士，就能名利雙收。而且如果很活躍，還可能
會獲得自由之身做為獎賞。

　　此外在開頭時也講過，人氣角鬥士與現代
的電影明星很相近，除了能吸引市民投以羨慕
的眼光，部分長相與體力都出眾的角鬥士，上
流階層也會競相找來當情夫。那些自認有品位
的市民也許會拿「你做這種事，最後會淪落為
角鬥士喔……」之類的話來揶揄不學好的年輕
人，但不少角鬥士可是夜夜笙歌，在貴族的豪
宅裡沉溺於酒池肉林中呢。

　　無論處於何種時代，「真心話」與「場面
話」都會同時存在於社會。真實狀況如果是這
樣，那麼想要孤注一擲的失意者，或是對角鬥
士的生存方式懷抱憧憬的年輕人，會主動志願
加入角鬥士養成所，也就沒什麼稀奇了。意外
的是，一般來講，社會上還是會容許這樣的志
願者存在。

角鬥士在日常生活中受到嚴酷的對待

　　一旦透過羅馬帝政時期的社會制度「麵包
與馬戲」，把角鬥比賽當成表演提供給市民，
元老院就必須負責安排角鬥士出場比賽。

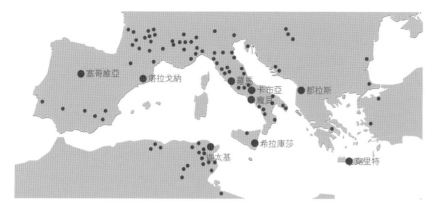

羅馬時代的競技場

左圖標示出羅馬時代的競技場位置。圖中可以看出，羅馬的都市都會興建或大或小的競技場。

義大利半島就不用說了，特點在於連過去稱為「高盧」的今歐洲或北非等地，也都設置了競技場。現在的東歐或小亞細亞密度較低，或者是民族性使然吧，各地對競技的喜好程度並不一樣。

此外，競技場中使用的各種猛獸，就是從羅馬帝國內的這些地點廣為收集，才讓觀眾得以觀賞到各種珍禽走獸。

為此而設置的，是附屬於各競技場的角鬥士養成所。這裡除了要訓練與鍛鍊自奴隸市場發掘來的（總之就是買來的）角鬥士預備軍，使其成為獨當一面的戰士外，也是這些人日常的生活場所。在角鬥士養成所裡也會因明確的階級而有所區別。雖然他們在裡頭一樣形同市民階級中最下層的奴隸，但剛從奴隸市場進去的新人，其日常生活與所接受的對待，與坐牢沒兩樣。所有生活與訓練也都受到嚴格的管理，跟不上訓練的人，就毫不留情予以淘汰。

不過，有一種狀況也不會太少見：美其名為「訓練」，卻發展為假訓練之名的凌虐。公元前 73 年至 71 年，羅馬共和政體末期時，就曾掀起一股由角鬥士斯巴達克斯（Spartacus）帶頭的叛亂事件。成為直接導火線的，很明顯是對這些角鬥士過於嚴厲的對待。

進入帝政時期後，養成所對待角鬥士的方式，雖然因為反省而稍有改善，但「奴隸就是奴隸」的標準，並沒什麼改變。

另一方面，原本沒落而由一般市民成為角鬥士的志願者，可以確保其受到的待遇與奴隸出身者有所區隔。訓練本身雖然嚴格，日常生活仍與一般市民一樣自由，其中還有攜家帶眷進入養成所的例子。

順便一提，有一種並不少見的例子，就是即使你出身奴隸，只要在實戰中留下不錯的成果，身兼養成所老闆的表演主辦者（lanista），就會視之為無可取代的商品，同樣給予自由。

在養成所裡極其嚴格地指導這些奴隸出身者的訓練師（doctor），或是表演主辦者，多半正是那種在殘酷的實戰中過關斬將，平安獲得自由的前角鬥士。

各種戰鬥型態的角鬥士如何生存

針對角鬥士有哪些類型，已於先前的數位影像中介紹過「投網角鬥士」、「魚人角鬥士」、「重裝角鬥士」、「色雷斯角鬥士」、「追擊角鬥士」等五種了。但除這些類型外，還有其他代表性的角鬥士類型，像是「射手角鬥士」（sagittarius）、「戰車角鬥士」（essedarius）、「挑戰角鬥士」（provocator）、「暖場角鬥士」（paegniarius）等等。

在這些角鬥士中，追擊角鬥士是色雷斯角鬥士的衍生種類。射手角鬥士顧名思義，攜帶強力的弓箭，與同為射手角鬥士的對手互射決勝。雙方以相當程度的距離對峙，用弓術的精準度較勁。就這點而言，在角鬥競技中算是比較別樹一格。戰車角鬥士顧名思議是坐在戰車上的角鬥士。挑戰角鬥士據說是身材相對較小、體重較輕的角鬥士，不過他也是色雷斯角鬥士的衍生種類。

比較特別的是暖場角鬥士，他們是剛進入養成所的新人中較優秀的一群，由他們拿著稱為「rudis」的木劍在觀眾面前互擊。他們的角色充其量就是在正式比賽開始前炒熱氣氛，並不會演變為太血腥的表演內容。不過比賽就不同了，大家都是來真的，不容許放水。也就是說，在即將上演慘劇前，由他們負責來暖場。

此外，角鬥士之中也有專門與猛獸搏鬥的人，稱為「鬥獸士」（beastiarius）。他們據說有專門的養成所，不過不知道在那裡會不會反覆上演與角鬥士養成不同的故事。

令人很想知道的是，「角鬥士的存活率到底是多少？」關於這個問題，一位考古學家費盡千辛萬苦，找出一個數字。在公元一世紀的某一時期，一百場比賽中，相互交戰的兩百名角鬥士裡，有十九名到最後喪命。這樣的事實，各位覺得如何？恐怕很多人會覺得，「真是出乎意料地少」吧。

此外，喪命者，其中一種當然是在技術上未臻成熟的角鬥士；但如果考慮到「即使輸掉，若能堂堂正正戰到最後，通常都可保住一命」的原則，應該可以如此推測：這或許不純粹是因為角鬥技術不好，也是因為在戰鬥時，還不

習慣的新手角鬥士因為動作表現不佳，才會一命嗚呼。

在角鬥士的世界中，唯有贏得最初的幾場比賽，一面精進技術，一面習慣現場氛圍，才能掌握生存之道。

順便一提，另一個令人想知道的問題「在羅馬人口中，有多少角鬥士存在？」可以這麼來看：在羅馬競技場竣工、舉辦啟用慶祝的大型角鬥大會時，共有兩千名角鬥士齊聚會場中，由此應可了解其大略人數。各競技場恐怕都有數以百計的角鬥士在其中比賽吧。

倖存下來的角鬥士，怎麼度過晚年？

那麼，從頭到尾都幸運活下來的角鬥士，會有什麼樣的未來呢？首先，他們會從暖場角鬥士變成新手角鬥士（tiro），再升格為二線角鬥士（meridiani），如果再累積經驗平安存活、升上資深角鬥士（primus palus），多半可以因為獲勝的獎賞，而變成能貼近一般市民生活的奴隸。不過要想成為完全的自由之身就另當別論，因為還需要某種儀式，才能從奴隸身分獲得解放。

這種儀式就是，接受同時也是暖場角鬥士武器的「rudis」之授與。此時收到的「rudis」代表「對於勇敢戰鬥的角鬥士，皇帝或相當於皇帝的有力人士所發給的奴隸解放證明」。獲授「rudis」的角鬥士，就能以自由市民身分走出長年生活的養成所大門了。

不過，對長年置身殺戮場所的角鬥士而言，以一般市民的身分過活，倒也未必就快活。取得自由的角鬥士，多半會以志願角鬥士

主要的角鬥士類型

色雷斯角鬥士（Thraex） ———	最基本的角鬥士類型。手持色雷斯風曲線的劍與盾，頭部戴有頭盔。
魚人角鬥士（Murmillo） ———	戴著魚型頭盔的角鬥士，多半以與投網角鬥士配對戰鬥為主。
追擊角鬥士（Secutor） ———	色雷斯角鬥士的衍生類型，手持橢圓型盾牌，武器是短劍。
重裝角鬥士（Hoplomachus） ———	裝備與色雷斯角鬥士沒有太大差別，但武器不用短劍而用矛的角鬥士。
薩姆尼特角鬥士（Samnite） ———	外型與色雷斯角鬥士近似，但較偏好薩姆尼特的裝扮，手持長方形盾牌。
投網角鬥士（Retiarius） ———	手持稱為「rete」的投擲網，以及稱為「trident」的三叉戟或短劍作戰。以網子纏住對手。
戰車角鬥士（Essedarius） ———	顧名思義，坐在以馬拉動的戰車（chariot）上的角鬥士。
鬥獸士（Bestiarius） ———	不與人鬥，而專門以矛為武器與猛獸戰鬥的角鬥士。
繩鬥士（Laquearius） ———	與投網角鬥士相似，不過是使用投繩的戰士。藉由封住對方行動而作戰。
射手角鬥士（Sagittarius） ———	手持弓與箭的角鬥士，與同為射手角鬥士的對手戰鬥。

的身分重返養成所大門，或者就是如前所述，在年紀大了之後，改為擔任訓練師或表演主辦者的例子也不少。也就是說，曾經沾染到那種血的氣味，是怎麼樣也揮之不去的。

既是皇帝也是角鬥士的康茂德大帝

角鬥競技其實帶有一種常人所無法理解的魅力。有個經典的故事是，公元 180 年至 192 年在位的康茂德大帝（Lucius Aurelius Commodus Antoninus），自己就以角鬥士的身分用性命相拚，是個君臨競技場的一級殺戮者。

康茂德大帝流傳至今的評價是「任用政治能力低落的寵臣，是個典型暴君」。他的身亡有人說是企圖造反的角鬥士集團所暗殺，也有人說是遭政敵下毒殺害。

不過這樣的史實也在在證明了角鬥比賽具有連皇帝都沉迷其中的魅力。對除此之外別無生存之道的奴隸而言，角鬥除了是生存的條件，也同時是一種能在一瞬間具體感受到自己依然活著的方式。

還有，電影《神鬼戰士》所描寫的時代，據說就是這位康茂德大帝的時代。

戰車競技場

與角鬥士競技並列的羅馬市民娛樂

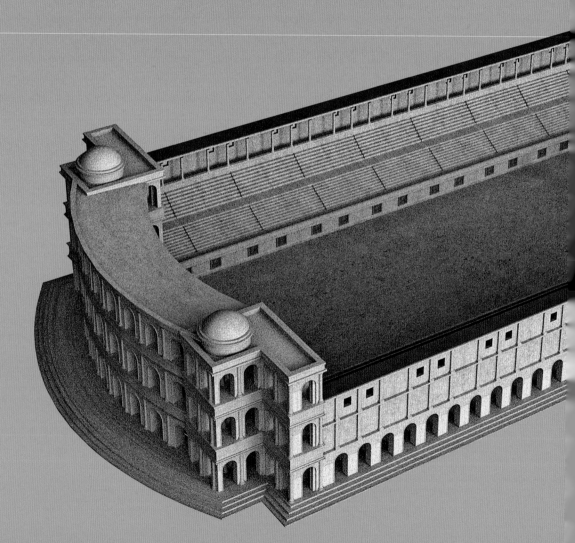

戰車

戰車比賽深受愛好娛樂的羅馬人喜愛

如果要列舉羅馬生活中不可或缺的設施，公共浴場、劇場、圓形競技場，以及競技場（circus）等等都是。

其中，劇場、圓形競技場、競技場舉辦的競技，原本是當做神聖的東西，依照連細節都十分講究的祭祀儀式，呈獻給諸神享受的活動。

也就是說，主要的觀眾其實是諸神，人們只是獲准進入其中觀賞而已，並不是為了人類而舉辦的。

這些競技原則上都在節日或慶典時舉辦，不過由於節日與慶典漸漸增加，二世紀時每年還只有 135 天，四世紀時變成每年有 167 天了。此外也有在皇帝即位或勝戰紀念等特別日子舉辦的活動，像是圖拉真大帝遠征大夏獲勝的慶典，據說就持續舉辦了 100 天以上。

其中最受民眾觀迎的，是在圓形競技場舉辦的角鬥士之戰，以及在競技場舉辦的戰車競賽。此外，在競技場也會舉辦騎兵的模擬戰或賽馬、大象比賽、特技人員表演特技，或是跳躍比賽等各種不同的活動。

電影《賓漢》中有名的戰車競賽場景

在舉辦戰車比賽的日子，開賽前主辦的負責人，以及戴著徽章抱著神像入場的競技者，會配合喇叭所奏音樂列隊行進。

騎手會以車夫之姿駕馭稱為「biga」的木製輕巧雙頭馬戰車，或是稱為「quadriga」的四頭馬戰車。比賽每天舉辦二十四場，各場會有四台戰車出賽，車夫會以用於區分季節的四種顏色（紅、綠、藍、白）來分組。

戰車競賽與角鬥士比賽相同，也是下賭注的對象，無論有錢沒錢，大家都一起參加賭局。不過為加快速度而輕量化的戰車很容易毀壞，很多人在激烈競賽中因為相互碰撞（尤其是轉彎時最危險）而身亡。此外，要想了解戰車競賽的景象，美國電影《賓漢》中的描寫最為貼切。

在這種極其危險的比賽中獲勝的騎手，會

戰車競賽的景況。這是針對練習過程而做成的數位影像，實際比賽據說會
擠滿 15 萬名觀眾。這樣的人數，是羅馬競技場的二到三倍。

成為民眾欽敬的對象，獲得可觀財富與大好名
聲，甚至受到後世傳頌。

　　眾多騎手中，也有人贏得四千場以上比
賽、創下驚人紀錄。此外，在競技中勝利的
馬，會做為牲禮奉獻給神。馬的血會用在確
保大地與民眾豐足而舉辦的淨化儀式中。

　　觀眾會帶著吃喝的東西，或是在中場休息
時造訪設於競技場一隅的酒鋪。比賽一結束，
為慶祝勝利，他們還會徹夜狂歡。

　　這種時候，皇帝會發放食物或金錢給民
眾，不過為防止過於狂熱的賽迷發生暴動，也
為了討得民眾歡心，有時候會改為發放包含房
子、農地或船隻等獎品的彩票給民眾。

廣布於羅馬世界的競技場及其構造

　　若要追究競技場的歷史，據說羅馬建國之
父羅慕路斯的夥伴，就是在舉辦戰車競賽時
綁來薩賓女性。所以其起源可以回溯到羅馬
初期。

　　跑道做成可讓戰車競賽繞競技場一圈，因
此呈細長的 U 字型，直線部分則設有入口、
起跑門，以及終點。

　　跑道之外設置圍住跑道的木製或土堤觀眾
席。此外跑道內也設置了標示折返地點的標
柱，或是計算所跑圈數的木製蛋型記號。

　　目前除了在首都羅馬的羅馬競技場附近
的馬西摩競技場外，還有戰神廣場（Campus
Martius）與佛拉米尼爾斯競技場（Circus
Flaminius）。佛拉米尼爾斯競技場是馬克森
提大帝（公元 306 至 312 年在位）所建設的，
長 520 公尺、寬 92 公尺，根據紀錄，可容納
一萬人。

　　除入口兩側殘存的喇叭塔外，還有十二個
起跑門也保留下來。不過若從原本應該鋪在跑
道內的沙子並未留下來看，據說可能是馬克森
提大帝去世致使工程中斷，因而一直未啟用吧。

　　此外，在巴黎、里昂、突尼西亞、西班牙
等過去的羅馬帝國屬地都有競技場的遺跡，甚
至連伊斯坦堡也留下君士坦丁大帝時代的競技
場遺跡。

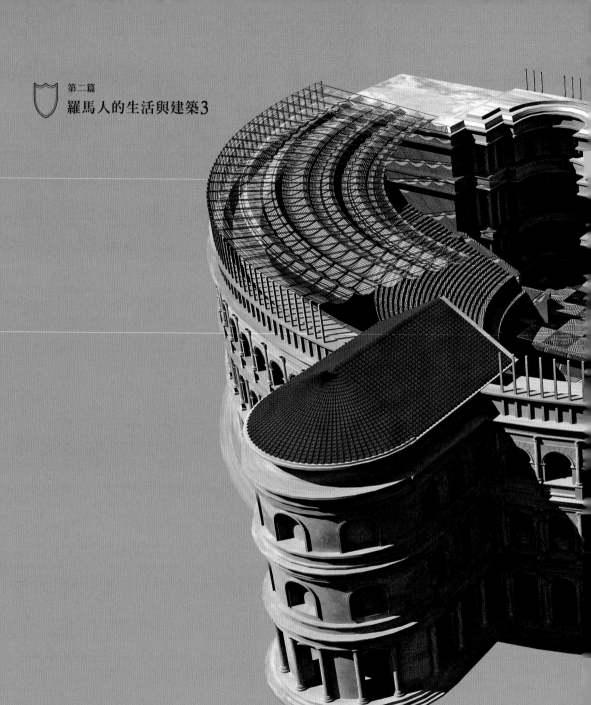

龐貝的大劇場

龐貝的大劇場復原圖。公元前三至二世紀
所建,是義大利半島第一座永久性劇場。
構造沿用希臘的劇場規格,可容納約五千
名觀眾。觀眾席上方可搭起帳幕,讓觀眾
免於日曬雨淋。

CG

劇　場

羅 馬 市 民 的 文 化 娛 樂 殿 堂

據說戲劇源起於羅馬，是公元前三世紀左右，李維烏斯·安德羅尼卡（Lucius Livius Andronicus）把希臘文的劇作翻譯過來的時候開始的。當時的上演場所是競技場或臨時搭建木造舞台，只有觀眾席而已，後來才開始建築永久性的設施。

羅馬的劇場固然受到希臘文化影響，但相對於利用山丘自然地形而設置觀眾席的希臘劇場，羅馬的劇場是在平地上建造石製的觀眾席。此外，希臘除了最前排的特等座位外，可以不分身分自由入座，但羅馬會依元老院、其他市民、自由奴隸等身分安排特定座位。這點，與舞台的背景中皇帝的半身塑像與諸神並列一樣，為的也是要讓大眾實際感受到羅馬帝國的統治者與階級制度的存在。除此之外，希臘劇場中設有一個圓形的「歌舞池」（orchestra）可以合唱或舞蹈，但羅馬劇場的戲劇較重台詞而不重合唱，因此在合唱團的需求消失後，它就變成半圓形了。

至於羅馬劇場的改良之處，其一是在與觀眾席高度相同處設置三層樓的舞台背景牆面（frons scaenae）。視劇場大小的不同，這種背景會有三或五道門，提供給演員做為從故事的舞台設定以外的都市登場，或是做為退場之用。

中央的門稱為「王之門」，是在悲劇中讓暴君登場之用。左右的門是次要角色進場與退場；旅人、使者、奴隸等角色則透過觀眾席兩側的通道來去；往來都市間時使用右邊的通道，而往來港口間使用左邊的通道。此外也採用堪稱舞台幕先驅、把附導軌的薄薄隔間牆從地板取出或收回的裝置。不過羅馬人在建造這麼大的劇場時，並沒有為它加上屋頂，而只以搭天棚的方式預防雨淋日曬。

在劇場上演的，有悲劇、喜劇與默劇（以舞蹈或童話劇為主體的滑稽短劇）。公演是在節慶的白天舉行，每年的觀賞期間約為 20 至 25 天左右。公演的費用由國家支出或由富裕人士捐贈支付，不需入場費。演員只有男性，為使聲音清晰，是戴著嘴巴部位有漏斗型開口的假面具來飾演。此外演員的社會地位很低，不是自由奴隸就是外國人。

羅馬市內第一座永久性劇場，是公元前 55 年，由龐培所建立的。不過，若講到義大利半島上建設的第一座劇場，則是公元前二世紀末建設於龐貝的大劇場。它在一開始興建時，是採希臘與羅馬劇場的折衷型態，有部分座位設於自然窪地，呈圍住歌舞池的馬蹄型，不過後來又修改為羅馬風格。羅馬以外的地方也會興建劇場，代表性的遺跡有土耳其南岸的佩魯格（Perge）、阿斯潘多斯（Aspendos），以及南法的歐宏吉（Orange）等。

浴 場

了 解 羅 馬 市 民 文 化 的 重 要 設 施

羅馬人很喜歡洗澡。

浴場從羅馬的共和政體時期就存在，到公元前 33 年為止，羅馬市內共有 170 個個人經營的浴場。不過這些浴場不但收費昂貴，又很狹窄，無法多人一起使用，再加上衛生條件很差，與其說是公共浴場，不如說是用來進行按摩等活動的地方。

在帝政初期的公元 25 年，第一任皇帝奧古斯都的左右手阿格里巴，著手興建羅馬市內第一座公共浴場。但它只能算是稱為「蒸汽浴室」（laconicum）的乾式三溫暖，興建時被視為體育場的附屬設施。

後來在公元 80 年，在羅馬競技場的北側，有一間除大規模的入浴設施外，還有泳池、庭園、體操場等設施在內的「提圖斯浴場」完工了。它的竣工為以貴族、元老院以及其他市民為首的各階層羅馬人，帶來日常生活的一大變革。

所謂的大變革，就是這種「公共浴場」並非體育場的附屬設施或衛生設施，而是定位為娛樂場，擔負著提供人們集會與社交地點的責任。其後，圖拉真、卡拉卡拉，以及戴克里先等「公共浴場」，就一個接一個出現在首都羅馬，後來也成為羅馬帝國各城市不可或缺的設施。

此外，公共浴場也和劇場一樣，最早的一座是位於龐貝的斯塔碧雅（Stabiae）浴場。

Terme di Caracalla 卡拉卡拉浴場
代表羅馬的浴場

　　是座寬 410 公尺、縱長 380 公尺，占地 15 公頃的大浴場。浴場的設施是在公元 212 年動工，於 216 年完工，但酒鋪、小吃店等所相連構成的圍牆，以及庭園等設施，則在公元 235 年才完成。據說一次可容納一千六百人，一天下來可提供六千至八千人次入浴。浴場的設施是以用花崗岩覆蓋為圓形天花板的大廳為中心，設有冷水浴室、溫水浴室、熱水浴室；左右對稱設有更衣室、乾式三溫暖、體操場等設施。地板與牆壁覆以大理石或馬賽克磚，呈現出赫克力士或花神等畫像。浴場的背面是包含附觀眾席的運動場在內的體育場（gymnasium，即現在的 gym）、庭園、散步道與泳池，周圍也設有圖書室或休息室。這裡一直使用到公元 537 年，目前在夏天時仍會於直徑 55 公尺的熱浴室舉辦歌劇演出。

羅馬人的社交場所──浴場

入浴成為日常生活一部分

公元 80 年，提圖斯浴場完成後，羅馬人的日常活動，就又多了「上浴場」。

羅馬人的日常生活是從天亮開始工作，通常在下午很早就結束，有家庭的人正午便能回家。

劇場或競技場舉辦的活動並非隨時都有，因此為打發無所事事的下午時光，人們會在午睡後到浴場去。在設備完善的大浴場，夏天因為有列柱走廊可以遮蔭而很涼爽，冬天則備有舒適溫暖的房間。因此，公共浴場等於是民眾的別墅一樣。

順便一提，羅馬人沒有混浴的習慣，因此浴場也備有女性專用設施。在未設女性專用設施的浴場，則會規定女性專用的入浴時段。

入浴以前，要先在更衣室（apodyterium）脫去衣物。更衣室常有小偷潛入，所以會有一兩名奴隸幫忙看管脫下來的衣物。

各種不同的入浴方式

脫衣後的使用順序隨個人喜好，不過一般而言，都是先到可以讓身體習慣熱氣的溫浴室（tepidarium）去，接著再前往室溫極高的乾式三溫暖（laconicum），或是到藉由裝溫水的泉水池保持高濕度熱氣、並備有浴槽的熱浴室（caldarium），在那兒大量出汗。

順便一提，這些房間的地板都很燙，為免燙傷，得穿木製拖鞋。

此時，下人會以去除體垢用的刮身板（strigil），幫忙仔細地磨擦全身。當時肥皂尚屬貴重物品，羅馬人會在全身塗滿香油促使排汗，以去掉皮膚上的污垢。此外透過交互浸泡熱水與冷水，可促進新陳代謝，排出體內不潔物質。

接著跳進冷浴室（frigidarium），讓身體的肌肉收縮，結束入浴。然後再稍微游個泳，接受按摩。順便一提，這種方法也可見於現在的土耳其浴。

羅馬人認為，入浴前後如果適度運動，入浴才會有效果。因此，據說有的人會在中庭的競技場角力、在室內的體操室運動後再入浴，也有人在入浴後跑去投球，或是到可以顯示你走了多少距離、走了幾圈的庭園小徑散步。

入浴後若還有時間，就在溫浴室或戶外的游泳池（natatio）與朋友聊天，晴天的話就在陽台做日光浴。公共浴場需要很多熱源，而且有溫浴室、熱浴室、乾式三溫暖等溫度各異的房間，也設有視不同浴室需求供給熱能的加熱系統（hypocaustum）。

這種系統的構造，是利用紅磚柱子把地板

龐貝「廣場浴場」的溫浴室遺跡，是傳達當時景象的珍貴地點。這個水池用來洗手腳，對面這邊有浴槽。

同樣位於奧斯提亞的「涅普頓浴場」遺跡。古羅馬浴場常可看到這種中央有運動場的設計。

緊鄰特米尼車站的戴克里先浴場遺跡。雖已於十六世紀改建為教會，但仍大致保留一千七百年前的浴場外觀。

古代奧斯提亞遺跡的「廣場浴場」殘存的通風口。形狀讓人想到現代的通風扇。

架高，再貼上磁磚。從鍋爐出來的熱氣在縫隙中循環、加熱各房間的地板後，再透過埋在牆內的多條垂直管線，與水蒸汽一起排至外部。所供給的熱能多寡，是藉由把房間位置安排在熱氣管道前段或後段來調整的，在鍋爐附近溫度最高的地方，就設置熱浴室。

羅馬最豪華的戴克里先浴場

戴克里先浴場完成於公元 306 年，是首都羅馬最大規模的浴場，強調的是高人一等的奢侈與豪華感。

浴場整體長 390 公尺、寬 370 公尺，光建築物就長 235 公尺、寬 150 公尺，一次可容納三千人入浴。中央的十字形冷浴室長 66 公尺、寬 48 公尺，內部的裝飾柱上方，有三個穹型拱頂。

冷浴室後來被米開朗基羅改建為安傑利聖母教堂（Basilica di Santa Maria degli Angeli）。此外，直徑 20 公尺、在頂部開有美麗圓形小天窗的溫浴室，現在成為通往教會的玄關。

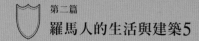

第二篇
羅馬人的生活與建築5

水道橋

供 應 一 百 萬 人 生 活 所 需 的 生 命 線

克勞狄亞水道橋

克勞狄亞水道橋完成於公元 52 年，從距首都羅馬 66 公里的阿尼奧河谷引來水源。總長共約 68.9 公里，其中地上部分約有 15.1 公里，包括跨越羅馬平原的 10 公里水道橋在內。之所以建造不少水道橋，是要把水送到羅馬地勢較高的帕拉提諾山丘，所以有必要盡可能讓導水管維持在高處。因此，水道到達羅馬市區時，也還有 32 公尺的高度。

克勞狄亞水道橋是用混凝土與方石堆所建造，水道管設置於拱形結構上方。後來又在上面設置了混凝土製的新阿尼奧水道（Anio Novus）。此外，羅馬時代的混凝土與現代的不同，是把骨材混到石灰砂漿中形成的塊狀物。除了可單獨使用外，也可做為充填或表面處理的建築材料。

供應羅馬人生活所需水道橋
及其驚奇的建造技術

水道橋的構造

水道橋是用羅馬混凝土凝固後砌好的切片石材所造
的，在上面的部分也使用拱形結構。拱形的建造方式
是先做出拱型的木框，在兩側砌好側面的石材，並於
木框上方放置拱心石。這麼一來，壁面的重量會分散
到兩側石柱的下方，就能耐得住巨大的重量了。

羅馬水道的歷史

羅馬位於降雨量不多的地中海沿岸，因此確保水源成為重要的課題。在羅馬建國後的四個半世紀間，人們使用台伯河、泉水、低窪地區挖到的井水，以及設於山丘上的儲雨槽做為水源。不過，以首都羅馬而言，原本在公元前350年左右約有三萬人口，到了50年後的公元前300年，就大增為六萬人。光靠原本的方式供水勢必不足，必須建設一些能從郊外水源地引水進來的水道。

首都羅馬的第一條水道，是開通阿庇亞古道的阿庇爾斯‧克勞狄亞（Appius Claudius）所興建的阿庇亞水道，公元前312年竣工。據傳羅馬的工程人員是模仿當時義大利南部某希臘體系城市所採用的方式。

不過，這種方式是讓水道配合土地的自然傾斜而敷設，方法十分單純。因此，只離羅馬11.3公里的水源地，卻要經過總長15.6公里的水道才能運來。此外，目前仍殘留約66公尺左右的高架部分，則是後來修建的。

從羅馬略往台伯河上游處，有一條與之匯流的阿尼奧河（Anio River）。後來在公元前269年，又興建了總長約63.4公里的「舊阿尼奧水道」（Anio Vetus）。

但到了公元前146年，迦太基滅亡，羅馬成為名副其實的地中海首都，人口也隨之急增。於是到了公元前140年，又興建馬爾基亞水道（Aqua Marcia）。這條水道是以薩賓一帶為水源，總長約91公里。此外在公元前125年，又建造提普拉水道（Aqua Tepula）。據推算，羅馬的人口在公元前130年左右約為37萬5千人。

公元前33年所建、以阿爾班山丘（Alban Hills）為水源地的朱利亞水道（Aqua Julia），是在阿格里巴手中竣工的。跨越羅馬平原的最後10公里，重疊於提普拉水道之上。此外，阿格里巴在公元前19年為了供水給讓年輕人游泳用的尤里普斯人工水路，也建造維爾格水道（Aqua Virgo）。後來，維爾格水道就成了許願池的給水來源。

公元前2年左右建造的阿爾榭提那水道（Aqua Alsietina），是奧古斯都為了在海戰模擬池（naumachia）表演模擬海戰秀給市民觀賞而建造的。由於並未潔淨水源，無法做為飲用水。

其後公元52年，羅馬又興建克勞狄亞水道與新阿尼奧水道（Anio Novus），公元109年，以供水給圖拉真浴場為主要目的，又建了圖拉雅那水道（Aqua Traiana）。公元226年，亞歷山卓水道（Arcus Alexandria）建成後，羅馬已有十一條水道，合計每天平均供應約112萬7220公噸的水。順便一提，首都羅馬的人口，在公元164年左右，已達一百萬人。

羅馬水道的結構與人們的利用

初期的羅馬水道，是沿著自然傾斜一面蛇行一面在地表上跑，因此會從水源地經過淨水槽，再流入都市的共同水槽。共同水槽約莫每

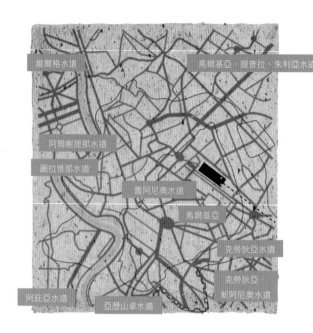

維爾格水道

馬爾基亞、提普拉、朱利亞水道

阿爾榭提那水道

圖拉雅那水道

舊阿尼奧水道

馬爾基亞

克勞狄亞水道

克勞狄亞、
新阿尼奧水道

阿庇亞水道

亞歷山卓水道

羅馬的水道網

為滿足莫大的人口需求，首都羅馬到三世紀為止已
興建了十一條水道。依建造順序依序是：阿庇亞
水道、舊阿尼奧水道、馬爾基亞水道、提普拉水
道、朱利亞水道、維爾格水道、阿爾榭提那水道、
克勞狄亞水道、新阿尼奧水道、圖拉雅那水道、
亞歷山卓水道。此外鋪設的總長度共約 350 公里。
的建造方式是先做出拱型的木框，在兩側砌好側
面的石材，並於木框上方放置拱心石。這麼一來，
壁面的重量會分散到兩側石柱的下方，就能耐得住
巨大的重量了。

70 公尺設置一個，水是免費供應給一般民眾。多餘的水，再賣給染品店、洗衣店、個人浴場經營者；還有多的，就流到下水道去。

羅馬的水道變得較為近代，是公元前 140 年，馬爾基亞水道建成之後的事。當時，皇帝允許分配水到個人住宅。因此，除必須設置貯水槽（castellum）以讓水道分出支管外，也在地下埋入水道管，規畫出一張水道網。

接著，水再從貯水槽流到個人住宅、公共浴場、噴泉或共同水槽。此外，也會在水道管的一部分加壓，利用其落下的力量把水壓高，也就是應用「虹吸原理」。不過此舉需要許多小口徑的厚鉛管，所費不貲，並不是隨處可見。

此外，也針對個人住宅測量其水龍頭口徑，即便你不用水，還是要根據水龍頭的最大出水量徵收費用。這種方法堪稱是現代實施「口徑計費」的原型。

羅馬城大下水道（Cloaca Maxima），是為了把位於谷底的古羅馬廣場四周所有山丘流入的水，以及水位上升而流入的台伯河水全數排出，而建造的。

公元前五至四世紀開始挖掘它。當時還是露天的，但在公元前二世紀之後，就覆蓋起來。其結構是把凝灰岩塊堆積成拱形結構，上方就做一般道路使用。大下水道從古羅馬廣場沿伸至台伯河，總長約 1.5 公里，對於所通過的周邊區域，也具有下水道的功能。目前，它仍把大量污水排到台伯河，在帕拉提諾橋（Ponte Palatino）附近的台伯河岸，仍可看到它直徑約 4 公尺左右的排水溝。

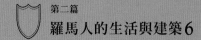

第二篇
羅馬人的生活與建築6

街道與城牆

條條大路通羅馬

左圖是羅馬郊外現存的阿庇亞大道。右圖是當時
景象的重現圖。現在這裡已成為市民休憩的自然
公園，也以石材重新鋪設，不過偶爾會看到像本
圖這樣、當時所遺留的鋪設痕跡。

支援羅馬帝國發展的
大動脈——街道

羅馬之所以能成為羅馬的原因——羅馬街道

　　在廣大的羅馬帝國，扮演著顧名思義的「動脈」角色，使人、物、資訊的流通無阻，也讓國家一體化的，就是無遠弗屆縱橫帝國內部的街道網。

　　有人住的地方，就會有道路。羅馬當然也是，有幾條街道都是自然而然形成的，像是從台伯河口把製造好的鹽運來的撒拉里大道（Via Salaria、有「鹽路」之稱）。

　　羅馬最先出現近代式的街道想法、構築起街道網基礎的，是阿庇爾斯·克勞狄亞。公元前312年，當時擔任財務官的他，著手鋪設成為近代式街道的阿庇亞大道。

　　這條從羅馬通往當時羅馬帝國南端卡布亞（Capua）的街道，原本是要做為戰略性的軍用道路。當時的羅馬帝國在行省並不配置占領軍，認可行省的自治，一旦有狀況，才會從羅馬派軍前往。因此，必須準備可行的路線，以確保出狀況時能迅速平安地行軍抵達目的地。這對羅馬帝國確保安全而言，是必要而不可或缺的。

全為直線的阿庇亞大道

　　鋪設阿庇亞大道時，基於它是戰略上的重要道路，在一番取捨與選擇下，採用了前所未有的想法：每個路段間都盡可能以直線相連，而且沒有起伏地平坦連結。之所以有這樣的想法，也是基於讓軍隊在行軍時可以快速而無負擔地抵達。擔任工程最高負責人的阿庇爾斯，為確保道路的平坦，據說還親自光著腳在路上走，確認其狀態。聽到這樣的故事，應該可以想像他對這條路該如何修造有多堅持了。

　　與設計一樣，在街道的構造部分，也有助於大幅減輕在上方移動時的負擔。從最下層起，一共鋪設了四層的砂礫或石頭，除了構築起堅固的路面外，為避免道路發生潮濕或積水等狀況，也在設計上使道路表面呈現和緩的弓形，藉以在兩側建造提升路面排水效果的排水溝。

　　此外，在緊鄰街道的外側，也禁止種植樹木，以防止樹木的根破壞街道結構。不僅如此，還安排稱為「庫拉托爾」（curatores）的公職專事街道維修，讓道路到了八百年後的公元六世紀，仍維持良好品質，充分發揮功能。

隨帝國擴大而形成井然有序的街道

　　像這種讓快速安全的移動成為可能的新街道概念，在阿庇亞大道完工後，也逐一應用在其他街道上。而馬略（Gaius Marius）、蘇拉（Lucius Cornelius Sulla Felix）、龐培，以及凱撒等當時的當政者，每當納入新的行省，都

車道　　步道　　步道　　第4層　　排水溝　　第3層　　排水溝　　第2層　　第1層

CG

當時街道旁有很多墓誌銘，其痕跡仍殘存至今。

阿庇亞大道現在的模樣。步道兩側的鋪設部分如今已不復見。

會把街道往當地延伸，藉以同化被征服者，讓羅馬帝國一體化。

最後，羅馬從公元前三世紀到公元二世紀的五百年間，以羅馬為起點的 12 條大道，光是幹線就擴張至 357 條，全長共達 8 萬公里。若再把如枝葉般從幹線往外延伸的支線也包括在內，事實上已達 15 萬公里。遠達希臘與埃及的大型道路網的構築，把羅馬帝國無遠弗屆地串連起來。

令人深感興趣的是，多數像這樣建造起來的街道，除了後來又鋪上瀝青外，現在仍做為國道（Strada Statale，簡稱 SS）繼續使用。從這點也可看出，羅馬帝國時代構築的街道網，效率有多好，完成度有多高了。

街道催生出的商業機會與物流

街道發揮的功能，並非只有軍用道路而已。

羅馬的街道，考量到讓馬車等車輛與人的移動可以互不干擾，使在車道兩側設有空間充

義大利半島上以羅馬為中心的街道網

足的步道。這使得人與物的移動更方便，對羅馬的繁榮帶來莫大貢獻。

　　街道與現在的高速公路不同，除了不必收取過路費，也是人車都能通行。因此，一些原本只能自給自足或是在附近社區與人交易的人，變成可以透過街道擴大自己的商圈，進而找到新的商業機會。

　　羅馬原本就沒什麼太特別的產業，因此羅馬帝國這麼一個龐大的經濟圈，就是透過街道這種運輸方式帶來經濟上的繁榮。這麼做的結果，可說間接造就了後世稱為「羅馬和平」（Pax Romana）的漫長承平時代。

　　此外，街道網的完成，不但讓人與物得以流通，也大大有助於羅馬帝國資訊網的建立。

　　開始有資訊網構想的，就是凱撒。凱撒在街道上馬匹可及之處，設置集中馬匹保管的「接力點」（stationes，據說是 station 一字的字源），人們可以在這些地點更換馬匹再出發，構築起一種接力式的資訊傳達系統。藉

通行羅馬帝國的街道網

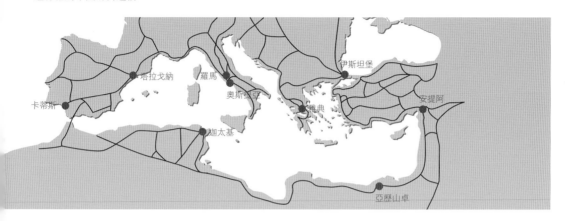

此，據説當時每天可以跑 100 公里遠。

皇帝著手擴充的街道情報網

　　把起於凱撒之手的這套系統繼續發展下去，而成為國營郵政制度的，是第一代皇帝奧古斯都。

　　奧古斯都為收集各地訊息與傳達命令，在羅馬街道沿途設置換馬所（mutationes）以及休息所（mansiones）。藉由設置完備的馬匹換乘所與住宿設施，讓訊息的迅速傳達成為可能。這套系統對羅馬統治各行省的中央集權制度很有貢獻。從第二代皇帝提庇留大帝可以一邊隱遁於卡布里島（Isola di Capri）一面處理政事，也可以證明這件事。

　　順便一提，提庇留大帝在位時，在各休息所也設置警備點，大幅改善街道的治安。此外，除換馬所、休息所外，也有用餐處（taverna）等貼心的設施，甚至連可多人共乘的馬車都有。

　　至此，羅馬的街道與其説是軍用道路，毋寧説看來已經與現代的國道或高速公路沒什麼兩樣。

　　後來，第四代皇帝克勞狄亞一世在位時，這樣的郵政制度除了遞送公文外，也變成開放給私人遞送信件。當然，在此之前就已經有民營的郵寄店存在了。不過，在皇帝的巧思下，羅馬市民就能更方便地活用這套體系來寄信給派駐各地的士兵們。

　　正如「條條大路通羅馬」所言，透過從羅馬通往帝國內部的綿密道路網，無論人、物、資訊，就能以羅馬為中心，傳送到帝國的每個角落。

　　這樣的制度讓版圖廣大、多民族的羅馬帝國克服一大難關，成為史上少見的巨大帝國。

　　這麼講應該不誇張：如果沒有這樣的街道網，羅馬帝國要想誕生與繁榮，應該是不可能的吧。

點狀存在於街道旁的
墓誌銘

在共和時代初期制定的「十二木表法」中，明訂「遺體不得在市區內土葬或火葬」，因此羅馬自古以來就是在市區外進行埋葬。

其中，據說敷設阿庇亞大道的阿庇爾斯・克勞狄亞曾留下「希望葬在自己親手建成的阿庇亞大道旁」的遺言，在街道旁建造墓地的風俗，就因此流傳下來。

沿街道並排的墓地，都會在中心設立木製或石製的墓誌銘，刻上當事人姓名、簡單生平，甚至家族關係等資訊，四周再用屋瓦類的東西圍住。不過也有的是打好地基後在一隅建造庭園做為墓地，而讓街道成為往來行人休息場所。

特別是富裕階層，很多都會設立氣派的墓誌銘。公元前 28 年建立的奧古斯都陵墓，除了直徑達 87 公尺外，也有不少設計獨特的地方。

不過，像這樣能夠擁有私人墓地的，據說只占首都羅馬人口的百分之一左右，多數市民都是葬在稱為「columbaria」的公共墓穴。此外，在羅馬埃斯奎里山丘（Esquiline Hill）的邊陲處，還有現今稱為「波特墓園」（Potter's Field）的大洞，據說一直都有人非法把貧民的遺體投擲其中。

位於舊阿庇亞大道的切濟利亞‧麥泰拉（Cecilia Metella）之墓，是把當時墓地模樣保留得最完好的一個。不過，據說當時在墓的頂部還種有樹木。順便一提，這位切濟利亞‧麥泰拉小姐是執政官的女兒，後來嫁給名門貴族。

保衛羅馬城的重要城牆

位於阿庇亞大道起點處的聖塞巴斯提亞諾門。公元三世紀時，與奧理略牆同時興建，公元五世紀重建。從這兒再往前 120 公尺，就是阿庇亞大道第一塊里程石碑。

羅馬最大車站特米尼車站的站前廣場，目前仍保有公元前四世紀左右，塞爾維烏斯國王所建城牆之遺跡。

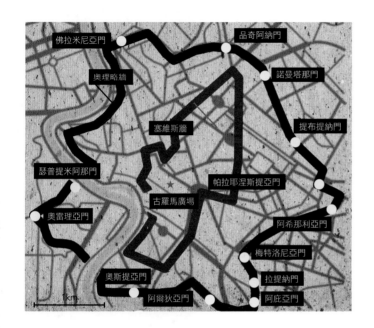

佛拉米尼亞門　　品奇阿納門

奧理略牆　　諾曼塔那門

塞維斯牆　　提布提納門

瑟普提米阿那門

帕拉耶涅斯提亞門

古羅馬廣場

奧雷理亞門

阿希那利亞門

梅特洛尼亞門

奧斯提亞門　　拉提納門

阿爾狄亞門　　阿庇亞門

1km

在現在的羅馬市畫出之前城牆所在位置。從圖上看來或許會覺得範圍很小，但對人口百萬的羅馬城來説，內側由塞爾維烏斯建立的城牆所圍範圍太窄了，據説已有人住到城牆外去。人口密度恐怕比目前有 280 萬人口的羅馬要來得高。

　　羅馬在誕生為都市國家後，很早就建造城牆，自我防衛，抵禦外侮。

　　公元前七世紀末，伊特魯里亞出身的塔奎尼烏斯（Lucius Tarquinius Priscus）即位後，活用伊特魯里亞的傑出技術，建設羅馬城大下水道。這使得七座山丘所圍住的中心沼地，得以進行開墾。羅馬就從村落變成城市。

　　但原本是七座山丘所構成，外敵很難攻擊的羅馬，一旦變成平地的都市國家，就容易遭到外敵威脅。因此，在公元前 390 年，高盧人輕而易舉就攻占羅馬。

　　因此，第六代國王塞爾維烏斯（Servius Tullius）建造了總長約 10 公里的城牆，圍住這七座山丘。城牆以凝灰岩建造，厚達 4 至

10 公尺、高 10 公尺，十分堅固。此外，城牆的內側又設有寬 30 至 40 公尺的平坦土壘，外側也設有寬 30 公分、深 17 公尺的外壕，相當謹慎小心。有了它，羅馬城發揮高度的防衛能力，連在幾次的布匿戰爭（Punic Wars）中讓羅馬陷入苦戰的迦太基名將漢尼拔（Hannibal Barca）都望之興嘆，不得不放棄進攻。

　　不過，這道堅固的城牆，現在只在特米尼車站前方還留有其中一部分，這是因為後來凱撒下令破壞這道城牆所致。當時，隨羅馬的人口增加，市街已經擴大到城牆外。因此凱撒判斷「即使無城牆，也能維持和平」後，便決定要破壞塞爾維烏斯所建造的城牆。

　　正如凱撒的這股自信所示，後來，進入了

「羅馬和平」時期，羅馬也在沒有城牆的無防備狀態下，享受了五百年以上的和平。

　　不過，到了最後一位五賢君的時代，也就是奧理略大帝的時代，這段和平時代開始出現陰影。

　　以東北方哥德族為首，羅馬周邊的部族開始漸漸擴展勢力。因此在公元 271 年，奧理略下令興建足足比塞爾維烏斯所建城牆大一倍、總長達 19 公里的大型城牆。

　　這道奧理略牆厚有 3.5 公尺、高 6 至 8 公尺，與塞爾維烏斯的城牆相比並不遜色。但後來馬克森提大帝又增建外壕，洪諾留（Flavius Honorius）大帝也強化並加高城牆，結果完美地封鎖了勢力強大的哥德族威脅。

　　此外，這道奧理略牆，現在有不少地方仍完好無缺地保存下來，成為說過「古羅馬最重要、最有意思的記念性建築」的專家史達西奧利（Romolo Augusto Staccioli）也極其關心的焦點。其中，最大片且保存最完整的，是連至阿庇亞大道的聖塞巴斯提亞諾門（Porta San Sebastiano）。二樓目前設有城牆博物館。

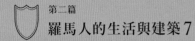

稱為「domus」的富裕者獨棟住宅、龐貝城「悲劇詩
人之家」的復原數位影像。它是「列柱花園」型的獨
棟住宅,屋頂的中央部位就是通往「中庭」的天窗,
後方略為往下沉的部分稱為「列柱花園」,附有列柱
走廊的中庭。

住　宅

具 高 度 建 築 技 術 的 羅 馬 人 住 居

羅馬人的住居
分為獨棟住宅與平民公寓

古羅馬的住宅，分為富裕階層居住的獨棟住宅（domus），以及一般民眾住的平民公寓（insula）。

首都羅馬到公元二世紀中葉，有一百萬居民，三世紀末時擁有 1790 戶獨棟住宅，以及四萬四千三百戶的平民公寓。

個人住宅 · Domus

相對於現代住宅在建築物外側設計窗戶來採光，domus 幾無面對外面的窗戶，而是透過設於屋內的開放空間，讓各房間可以照到陽光與通風換氣。

這塊屋內的開放空間，可能是傳承自伊特魯里亞傳統、稱為「中庭」（atrium）的內外通風式大廳，或者是受到希臘影響、稱為「列柱花園」（peristylium）、由列柱走廊圍起來的中庭。

此外，「中庭」會做為公共的宴會場所或社交場所，「列柱花園」是希臘人家庭生活的中心點，但在羅馬時期，它也兼具「中庭」的功能。

順帶一提，在現代建築用語中，「atrium」一字的意思已有些許不同，指的是設於飯店或辦公室大廳，或是大廈入口處的開放式通風空間。

一般市民集合住宅 · Insula

由集合住宅與店鋪構成的「insula」，可說是有效活用都市土地的先驅，相當於現代的公寓。

它與「domus」不同，是由面向街道的開口部位採光。它有個特點，就是會蓋好幾層，然後備有可以從道路直接進入上方樓層的樓梯。

這種方式現在也常見於日內瓦的集合住宅，既可確保上方樓層的獨立性，又可讓每戶共用一個玄關，以節省空間。

在首都羅馬，會把六至八棟的這種公寓密集地建在同一市區，該區塊看來就像浮出水面的小島。就是因為如此，才會用拉丁文中代表「小島」的字來命名。

追求舒適的羅馬式住宅

列柱花園

這是從稱為「tablinum」的起居室觀賞列柱花園的列柱走廊的景色。這種從起居室看出去的景色，對當時的宅邸很重要。公元一世紀左右，就有愈來愈多考量到列柱花園景象的房間配置方式。

列柱花園的列柱

與上方的數位影像相反，這是從列柱花園這頭看向家裡。照片裡有一些與起居室不同方向的寢室（cubiculum）。看得出多數房間都是以此列柱花園為中心配置。在這類型的房子裡，中庭多半流於形式上的設計。

為享受生活而進化的個人住宅

稱為「domus」的獨棟住宅有兩種，一種設有稱為「中庭」的通風式大廳，另一種設有稱為「列柱花園」的列柱走廊中庭。

中庭型獨棟住宅

龐貝城內建於公元前四世紀左右的「外科醫師家」等建築都還看得到當時模樣。不過以前那種中庭雖然是目前建築用語中「atrium」這個字的字源，但當時的「中庭」與現在的不同，具有很多如採光等實用特色。

中庭上方的通風空間稱為天窗（compluvium），中庭的中央部位通常都有與地下貯水槽相連的貯雨槽（impluvium）。

在貯雨槽的四周，設有以石板敷設的走廊，屋裡會有一些房間面對這走廊。進入住宅

後，會有接待客人與陳列家傳寶物的「玄關空間」（fauces），穿過後就是中庭，其正面有起居室（tablinum），左右會有二至三間寢室（cubiculum）。從入口到起居室會形成一條軸線，房間會以此為中線左右對稱分配。

列柱花園型獨棟住宅

關於這類住宅，在龐貝城可以看到從公元前一世紀中葉到二世紀興建的「威第之家」（Casa deiVettii）、「牧神之家」（Casa delFauno）、「潘薩之家」（Casa diPansa）等建築。

所謂的列柱花園，多半會在中央設置貯雨槽，在花園種花或藤蔓植物，常可見到藤蔓攀爬在圓柱上。四周原本只有幾間房間，後來變成配置很多房間，但中庭四周的房間就因而減少。此外，也有可以躺臥著吃飯的

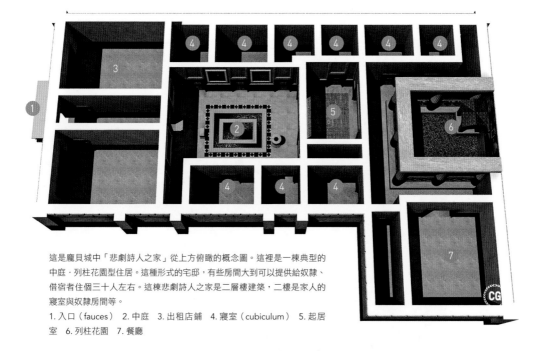

這是龐貝城中「悲劇詩人之家」從上方俯瞰的概念圖。這裡是一棟典型的中庭‧列柱花園型住居。這種形式的宅邸，有些房間大到可以提供給奴隸、借宿者住個三十人左右。這棟悲劇詩人之家是二層樓建築，二樓是家人的寢室與奴隸房間等。

1. 入口（fauces） 2. 中庭 3. 出租店鋪 4. 寢室（cubiculum） 5. 起居室 6. 列柱花園 7. 餐廳

中庭

社交空間的大廳，中庭。中央設置水盤處的上方就是沒有屋頂的部分，可透過這兒採光。此外，水盤下方是雨水的貯水槽。中庭會展示主人引以為傲的各種美術品招待客人。下方的數位影像是從中庭看往起居室方向的景象。左下角的照片是目前龐貝的遺跡，反過來從起居室看往中庭的景象。

躺臥餐廳（triclinium），除會準備多種房，視季節不同分別使用外，也會在住宅背後建造屋外庭園。

住宅的屋頂是木材構造，向四面傾斜的屋頂，傾斜角落在 35 至 40 度。上方覆蓋的磁磚有平的也有圓的。

到了一世紀中葉，住宅的牆面就變成是混凝土構造再塗上灰泥表面，並於其上繪製壁畫，在地板上鋪設馬賽克圖案的瓦片。

到了公元二至三世紀，牆壁或地板就變成大理石表面。此外，龐貝城的建築是用可攜式爐子取暖，不過有些住宅會在地板下設有取暖裝置。

庶民居住的集合住宅

平民公寓的外觀

平民公寓是好幾戶集合在一起的集合住宅，很像「島」，所以才命名為「insula」。建築物前方多半會有以連續列柱或拱門做成的走廊，這也是延續至今的歐洲城市景觀的基礎。

平民公寓內部

平民公寓也會在內部設置與個人宅邸相同的中庭。上圖是晾曬衣物的想像圖，與現在歐洲的舊市井一樣，是十分常見的日常景象。

平民公寓一樓的店鋪

平民公寓的一樓大多做為店鋪，銷售各種商品。店鋪內部不會只有一個房間，內側還有另一間，多半設有以梯子攀爬上去的夾層。

平民公寓的種類與結構大致分為兩類

　　兩層以上集合住宅，也就是「insula」，據傳是起源於古代的亞歷山卓或敘利亞、西西里等地，但開始在古羅馬興建，應該是公元前二世紀的事。

　　而在公元前一世紀起，龐貝城開始把面對大馬路的住宅一樓正面改為店鋪使用，再在上方增建二樓。

　　這種住宅有兩種型態，一種是像二世紀時在奧斯提亞（Ostia）建設的「壁畫之家」（Insula of the painted vaults），店鋪在路旁排成一整列，上方是出租住宅；另一種是像「戴安娜之家」（Insula of Diana），把設有中庭的建築物四周的一樓當成店鋪，上方做為出租住宅。

　　店鋪是由近乎全面開放的一個房間，再加上往內的另一個房間，連續兩個房間所構成，並有附木製梯子攀爬上去的夾層，夾層處有個長方形小窗。

　　再上方的住居，可以從面對道路的樓梯或中庭的樓梯直接進入。典型的住宅平面圖會有餐廳，略大的房間會設於房子兩側，其他房間則面向連結兩側的中間通道。

　　平民公寓也有高達六、七層的，不過混凝土骨架再砌以紅磚的結構只到四樓，五樓以上就會以較輕的建材來蓋，頂部也會以木製的居多。外牆雖有窗戶與陽台，但沒有玻璃，窗戶的開關是以木門或窗簾來控制。室內自公元二世紀之後，地板就改以紅磚或混凝土處理，牆壁或天花板則用灰泥，牆上則畫著可緬懷過去自然景觀的植物畫像。

　　有些建築物在主要出入口的地方會有往外延伸的部分。此外，一樓的店鋪前方，通常會沿著道路以連續的列柱做出走廊。

住個房子也要賭命？
平民公寓裡的庶民生活

　　在這種平民公寓裡生活，一點都不舒適。房間狹窄，家中只能放置一張桌子、幾張椅子等基本家具，睡覺時則以稻草袋或墊子鋪在紅磚台或地板上當床墊。

　　增建的上方樓層沒有水道、下水道設備、廁所等，也因為犧牲了建築的強度與安全性，常發生傾倒。此外，也常因為烹煮食物用、以木炭加熱的小型陶製攜帶爐，或是取暖用烘爐的炭火而造成火災。當時不像現在，沒什麼消防設備，因此住在那兒也等於是要賭上性命。所以租金與現代不同，愈高樓層愈便宜。

　　此外，也常會有住在裡面的居民把垃圾、屎尿或是壞掉的壺罐往樓下丟（法律禁止，但仍難以杜絕），所以對經過平民公寓的人，也算得賭命。

　　還有，奧古斯都大帝為防止建築物崩毀，除了把平民公寓的高度限制在 70 羅馬呎（相當於五樓），也組織警察消防隊，擔任夜間保全或消防的工作。由此可見，平民公寓的居住環境也算一種社會問題。

龐 貝

傳承羅馬都市氛圍的城市

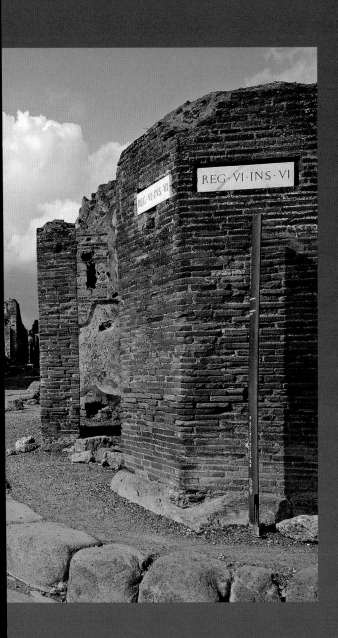

時間停止之城龐貝的
歷史與現在

龐貝的歷史可回溯到公元前六世紀

　　從那不勒斯搭電車約四十分鐘車程，可以到達位於郊外的龐貝。眾所周知，這裡是所存不多的幾個古羅馬遺跡中，把當時樣貌保存得最好的一處。

　　龐貝城是在公元 79 年 8 月 24 日，因為維蘇威火山（Vesuvius）大爆發，而在幾天內埋入火山灰底下。因此，公元一世紀時古羅馬人的生活，就栩栩如生地照著火山爆發當天的樣子保存下來了。在龐貝出土的文物中，連擺在餐桌上的食物和餐具、酒客在酒館所付的錢幣，也都保存下來。

　　龐貝是由義大利原住民奧斯基人（Osci）形成聚落而發展起來，在公元前 526 年至公元前 474 年落入伊特魯里亞人之手。公元前 424 年，薩姆尼特人又征服這裡，後來與羅馬締結同盟。

　　不過，在對抗羅馬的霸權與殘暴的同盟戰爭（Social War）中，即便有位於坎帕尼亞（Campania）地方的各都市共同作戰，龐貝還是在公元前 89 年被蘇拉（Lucius Cornelius Sulla Felix）所征服，成為羅馬的殖民市。

　　從那時起，龐貝就開始羅馬化，其都市景觀、神殿、劇場都修改為羅馬風格。這裡也成為經阿庇亞古道運送貨物到羅馬的重要據點，其後也以商業都市之姿繁榮起來。

　　然而，發生於公元 62 年 2 月 5 日的地震，讓龐貝受到莫大損害。就在重建即將完成之際，當時約有兩萬人居住的龐貝城，卻又得迎接末日的到來。

公元 79 年 8 月 24 四日是龐貝的末日

　　現在的世人知道火山大爆發發生於公元 79 年 8 月 24 日，是因為有個為救人而前往龐貝，後來死在那裡的老普林尼（Gaius Plinius Secundus）之姪小普林尼（Caius Plinius Caecilius Secundus）寫信告訴了歷史學家泰西塔斯（Publius Cornelius Tacitus）此事所致。

　　據傳中描述，老普林尼在維蘇威火山的山頂附近，看到顏色昏暗的雲，形狀很像松樹的巨大枝幹往上延伸一般。雲急速飄下山的斜面，如雪崩般大舉墜落海裡。這樣的雲把火山口到海面都整個蓋滿了。

　　這種現在稱為「火山碎屑流」（pyroclastic flow）的東西，是火山在爆發時大量高溫浮石（pumice）或火山灰結成一團高速流下山腰

龐貝的末日

維蘇威火山爆發隔天，公元 79 年 8 月 25 日，火山岩和火山灰掩埋整座龐貝城。

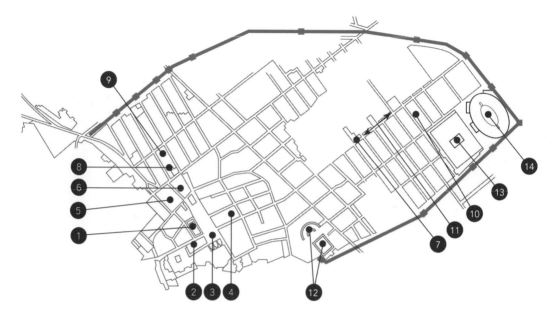

龐貝城的架構

1.阿波羅神殿　2.聖堂　3.廣場　4.羊毛批發市場優瑪嘉　5.公營市場　6.廣場浴場　7.酒館　8.悲劇詩人之家　9.小噴泉之家
10.貝中維納斯之家　11.阿龐達札街　12.小劇場／大劇場　13.大體育場（角鬥士養成所）　14.圓形大競技場

而產生的現象。

火山爆發時，老普林尼感受到有地震，他描述地面搖晃得很厲害，海水因為地震而發生大退潮，才一看到海岸，就發生海嘯了。老普林尼是在斯塔碧雅（Stabiae）附近的海岸窒息而死的，目前可以推知他的死應該是二氧化硫所致。

根據最近的研究，龐貝是在 8 月 24 日下午一點開始有火山岩與火山灰自空中落下，下午三點這些東西的重量開始破壞與弄倒建築物。而在晚間八點，較大塊的火山岩開始落下，街道因為大量堆積物而遭掩埋。

最後在隔天 25 日上午七點半到八點為止，火山碎屑湧浪（天然氣與火山碎屑流在地面流動的現象）到達龐貝，讓避難於建築物內部的人們全都窒息而死。

十九世紀重現的龐貝之姿

城毀後，逐漸為人所遺忘。當地長滿藤蔓，改稱西維塔（城）。到了 1748 年，在掌握那不勒斯統治權的西班牙王查理三世（Charles III of Spain）一聲令下，才開始挖掘龐貝城。其後亦有王族或貴族繼續挖掘龐貝，但目的都在於找出高價物品或金銀製裝飾品，簡單講就是在尋寶，無意從學術角度研究該遺跡的結構。

不過自古錢幣學者菲奧雷利（Giuseppe Fiorelli）於 1860 年受命擔任挖掘主任，開始翔實記錄挖掘狀況，合理推動挖掘計畫以來，挖掘工作就變得科學化了。

石膏鑄模法在 1863 年發明後，就得以把四處逃竄的龐貝市民生前的模樣保存下來。

這種方法是把石膏灌入挖掘時身體已經腐壞不見、在火山灰中只留下空洞遺體的地方，因此讓母親抱住孩子、保護孩子不致沾到火山灰等姿態得以栩栩如生重現。

目前，龐貝已挖掘出約五分之三，但由於震災、鹽分或植物的侵蝕，以及觀光客帶走磨損掉的石頭或小東西等人為因素，正面臨著遺跡保存的重大危機。

穿越兩千年時空龐貝遺跡巡禮

Tempio di Apollo 阿波羅神殿
希臘人建立、羅馬人重建的神殿

　　創建於公元前六世紀的神殿，祭祀著希臘稱為
Apollon，羅馬稱為 Apollo 的太陽神。中央的平台是祭
壇，左側的圓柱是日晷。在公元 62 年的地震中半毀，
不過在火山爆發前，修建作業近乎完成。

Basilica 聖堂
進行審判或商業交易、會議的場所

　　位於廣場西南的聖堂包括法院在內的各種建築。上圖中央遠側的是法院，基座上立著六根柱子。圓柱上方還有再小一些的列柱，再往上還有三角型的山形牆，稱為「山牆」（pediment）。

Foro 廣場
身為宗教、政治、經濟中心的龐貝心臟

　　這裡是公共廣場，有朱庇特神殿、拉蕾斯神殿，以及維斯帕先神殿。政治方面有市議會開會用的元老院、雙執政官與營造官的建築、市財務局、選舉投票所、聖堂。經濟上有公營市場、穀物交易所、羊毛批發市場等。此外為使馬車無法進入，廣場入口還堆起石頭形成擋車牆，供步行者專用。

Edificio di Eumachia
羊毛批發市場優瑪嘉
在龐貝擁有顯赫勢力的女傑優瑪嘉之館

　　優瑪嘉之館 (Eumachia) 位於阿龐達札街
與廣場交會的三角窗處，是棟 60 公尺×40
公尺的巨大建築。該建築做為羊毛批發市
場。優瑪嘉出身自擁有葡萄園與磚塊工廠的
優瑪嘉家族，死後建蓋大型墓地。

Terme del Foro　廣場浴場
男女老少每天去的龐貝最老浴場

　　興建於公元前 80 年左右的浴場。分為
男浴池與女浴池，諸如體操場、冷浴室、溫
浴室、熱浴室等浴場的基本設施，這裡一應
俱全。照片是熱浴室，裡側的是浴槽。當時
的隔間是用赤斑岩製的優美支柱，但由於公
元前 62 年的地震災害，火山爆發時只剩男
浴池營業。

Macellum 公營市場
每天人來人往、熱鬧非凡的龐貝最大市場

　　建設於公元前二世紀，稱為「馬歇倫」（Macellum）的
這個市場，屋頂的中心是以十二根圓柱做為支柱，兩側再立
起木製柱子支撐。市場右側銷售肉與魚，左側則販賣舉辦宴
會的食材。右圖是目前在此展示的罹難者重現石膏像。

Casa del Peta Tragico 悲劇詩人之家
名著《龐貝的末日》描寫範本的住宅

　　這裡設計成中庭式獨棟住宅，於 1825 年被挖掘出來。很多人知道這裡玄關的大石上寫有「Cave Canem」、「注意惡犬」的字眼，但最為人熟知的，應是 1834 年義大利人布爾維耶‧里頓（Edgar Bulwer-Lytton）的著作以此處為範本。

Casa e Thermopolium di Vetutius Placidus 塞爾維爾斯酒館
賣熱飲的酒館，因火山大爆發導致兩人死亡

　　這麼叫它，是因為入口處的牆壁上，寫著一張名叫塞爾維爾的人希望能當選營造官的選舉碑文。店裡的櫃台處，留有爐子與廚房。二樓有兩個不是店主就是經營者的人躲了上去，但兩人都成為火山碎屑流的犧牲者。

Casa della Foutana Piccola
小噴泉之家
把中庭改造成房間以觀賞庭園的有錢階層住宅

　　房子在公元前一世紀興建時，是設計成中庭式獨棟住宅，但公元一世紀時中庭以馬賽克作品圍了起來，變成一個可以觀賞外部庭園的房間。

Casa della Venere in Conchiblia 貝中維納斯之家
繪有許多美麗畫作的家

　　擁有包圍在圓柱群中的大型花園與躺臥餐桌的獨棟住宅，房間
的配置精心設計成可觀賞外部庭園。這裡在第二次世界大戰期間
的 1943 年遭轟炸而受損，但已於 1952 年修復。

Teatro Grande 大劇場
龐貝最大、最悠久的活動設施

　　可容納五千人的大劇場興建於公元
前 200 年左右，並於公元 63 至 68 年重
新修築。下圖是從觀眾席俯瞰舞台。音
樂廳（odeon）是有屋頂的小劇場，用
於舉辦音樂會或詩歌朗誦、演講會。

Vic dell' Abboudanza 阿龐達札街
東西向貫穿龐貝市區的幹道

　　從電腦繪圖重現的照片中也可看出，身為龐貝幹道的阿龐達札街，為了讓馬車通行，在路面鋪設多角形石灰岩或大塊粗面岩，並強化這些路石的縫隙連結。路面好走，排水溝也很完善，即使下雨，步行者的腳也不會弄濕。上圖是畫在牆上的塗鴉，當時隨處可見。

Quadriportico di Teatri 角鬥士養成所
搏命相拚的角鬥士磨練劍技之處

　　現存的養成所是在公元 62 年興建的，在那之前據說是運動場。以四面牆壁圍起來的廣場就是訓練場。目前雖無證據證明此一養成所是獲得皇帝認可的正式機構，但從宿舍裡以灰泥打底的黃色牆面上刻有「尤里安」、「奧古斯丁」以及「涅洛尼安」等名字來看，可以想見其中有獲得皇帝支持的角鬥士。

Aufiteatro 圓形大競技場
可容納龐貝所有人口兩萬人的圓形競技場

　　競技場整體是 140 公尺×105 公尺，橢圓的中央競技區是 66.8 公尺×35.4 公尺。這裡除舉辦角鬥士對戰外，春夏也會連日舉辦人類對猛獸、獅子對羚羊等血腥活動，甚至還出現五天30 場、四天 40 場的超密集賽程。

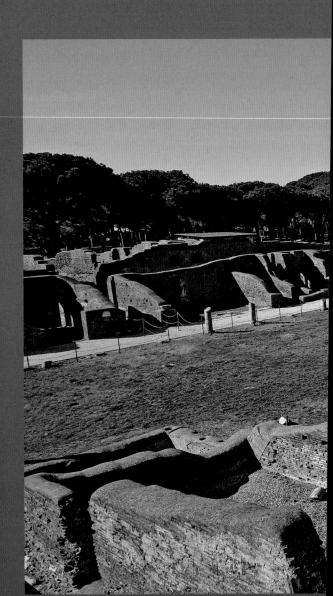

奧斯提亞

另 一 個 龐 貝

歷經一千五百年才甦醒的
羅馬近郊港都

做為羅馬關口而大肆發展的港灣都市

在羅馬西南約 24 公里，從市中心搭地鐵再轉搭近郊電車約三十分車程的地方，就是奧斯提亞・安提卡（Ostia Antica）車站。出站後再走幾分鐘，就是古奧斯提亞遺跡。

這裡與龐貝或鄰近龐貝的艾爾科拉羅（Ercolano）並列為街景保存良好而挖掘出來的古羅馬知名遺跡。

不過，這裡不像因維蘇威火山爆發而在一夕之間埋於火山灰下的龐貝或艾爾科拉羅，而是出於全然不同的歷史故事，才讓這城市以這種形態留存下來。

奧斯提亞的城市起源，其實仍不可考。根據現有的各種資料，最可信的說法是，這裡是公元前七世紀時，在羅馬第四代國王安庫斯（Ancus Marcius）手中興建起來的。奧斯提亞據說是當時為了確保鄰近的鹽田才建設的，但隨著羅馬不斷發展，它位於台伯河

口的地理位置，也益形重要。

　　從這些據說是公元前四世紀興建的兵舍遺跡也可得知，這裡還設置海軍基地做為防衛據點。此外，當羅馬往地中海世界擴展霸權時，奧斯提亞也以貿易的關口大肆發展。事實上，來自地中海各地的各種貿易品，都是在這裡卸貨，搬到小型船隻上，再用牛隻拉往台伯河上游。

因埋在沙中才得以殘存的都市

　　在奧斯提亞的發展臻於鼎盛的帝政初期，據說約有五萬人生活於此。當時羅馬的人口為一百萬人，羅馬帝國的人口在全盛期是五千萬人，因此在這不到兩公里見方的城市裡會有那麼多人居住，奧斯提亞有多繁榮，也就不言可喻了。

　　然而，公元一世紀即將結束前，由於台伯河氾濫帶來的泥沙堆積，奧斯提亞漸漸失去它

身為港灣都市的功能。再加上克勞狄亞一世又在更北處（現在的費米奇諾〔Fiumicino〕）興建新港口，奧斯提亞雖然仍有行政上的功能，但由於商人都搬到那裡居住，街道也漸漸寂寥起來。而在公元四世紀左右，這裡已幾無人煙，埋進土沙之中。

　　為土沙所覆的奧斯提亞，其後一直成為爭奪石材的地點，一直到二十世紀初才有人展開正式的挖掘調查工作，發現這裡仍保有古羅馬的都市風貌。

　　城內的基本架構是，中央有個廣場，也和龐貝一樣有浴場、公寓式建築、獨棟住宅、酒鋪等，也就是與其他羅馬都市相同；但另一方面，也有身為貿易據點所特有、專為貿易業者設置的「同業公會廣場」等散發出港都氣息的地點。

　　奧斯提亞雖然也少不了塗鴉等具有「生活感」的東西，卻可以讓人一窺當時有別於龐貝的各種生活面貌。

發展成港灣都市的
奧斯提亞遺跡群

Piazzale della Vittoria 同業公會廣場
只有港都才有貿易業者的商店街

從城市入口的羅馬門前進 300 公尺的劇場背面，就是同業公會廣場。據說是克勞狄亞一世時期設置，四角形廣場有三側看得出各式貿易業者的店鋪遺跡。各店鋪門口的地板上畫有黑白馬賽克作品，讓人一目瞭然知道該店所賣商品。這可說是身為貿易據點的奧斯提亞才有的場所。

Teatro Romano 羅馬劇場
緬懷往昔可容納三千五百人的大劇場

　　位於幹道馬西摩大街旁的劇場，以可容納三千五百人為傲。一部分地方因做為戶外劇場而有所修復，但其他如紅磚、灰泥、裝飾等，全都完好保存當時的樣子。初次在此地興建劇場是公元前 12 年的事，也就是奧古斯都盛世之時。其後在帝政時期也曾數度修建，在塞佛留（Lucius Septimius Severus）皇帝時期完全重建。

Terme Dei Nettuno 涅普頓浴場
奧斯提亞的多個浴場之一
以涅普頓的馬賽克作品而聞名

　　奧斯提亞雖然只有不到 2 公里見方的面積，但也和其他羅馬都市一樣，至少有六個地方發現浴場的遺跡。涅普頓浴場（Nettuno）位於城市入口的羅馬門附近，因為有海神涅普頓的馬賽克作品（右圖）而得名。旁邊有運動場，遠方那頭是消防隊員宿舍。

Domus ／ Insula 住宅
人們生活過的住居遺跡個人宅邸與集合住宅

　　在戴安娜街上酒吧的另一側，排著許多集合住宅兼店鋪的公寓。這裡恐怕是奧斯提亞最熱鬧的地方了。此處的公寓保存狀態十分完好，不過下圖的兩層樓建築，原本是四至五層樓建築。此外，再往西走數百公尺的廣場前端，也留有許多公寓遺跡，個人宅邸的遺跡也不少。

Decumano Massimo　馬西摩大街
貫穿城市東西奧斯提亞的幹道

　　奧斯提亞遺跡目前的入口是從東側的墓地群開始。從羅馬通到這裡的奧斯提亞街道（via Ostia），終點就在羅馬門（Porta Romana）；一穿過羅馬門，就是奧斯提亞的市區。馬西摩大街是奧斯提亞的幹道，讓人緬懷當時的石板路貫穿全城。

Thermopolium della Via d. Diana　戴安娜街上的酒館
做為市民休憩場所的酒吧

　　市區中心的廣場前，馬西摩大街往內一條巷子，就是戴安娜街。這是一家賣熱食與飲品的店，還遺留有酒吧的樣子。這種店大概就像現在的酒館，從大理石櫃台與牆上的壁畫，可以想見當時的景象。櫃台內則是清洗處，再往裡頭可看到有如可攜式爐具的料理設備。

Mulino 麵包店
位於穀物倉庫深處製作麵包的商店

　　在馬西摩大街上經過羅馬劇場後，有一個大型的穀物倉庫。或許與此有關吧，一走進其前方的莫里尼街（磨坊街），可以看得到麵包店的舊址。路旁是店鋪，最裡側則擺著幾個大型石磨。這些據說不是以人力，而是以家畜拉動的。

Folo ／ Capitolium 廣場與卡庇多神殿
城市中心的公共廣場與祭祀神祇的神殿

　　奧斯提亞也和以羅馬為首的其他都市一樣，在市中心有個公共廣場。其周圍也同樣有做為都市中樞所必須的聖堂（公會堂）或設置行政中心。此外，位於廣場北側的卡庇多神殿，與羅馬的卡庇多神殿一樣，祭祀朱庇特、朱諾與密涅瓦三位神祇。

Lutrina a Piu posti 公共廁所
兩千年前也有沖洗式廁所

　　位於城市中心的廣場南邊，有個稱為廣場浴場的地方。其西側一隅就是公共廁所。牆上呈凵字型排開的座位鑿了一個可以上廁所用的洞，下方經常都有水在流動，也就是沖洗式的廁所。大家上完廁所後再以切成小塊的海綿擦拭。

如果，古羅馬遺跡現身東京

電腦繪圖把古羅馬遺跡合成到現代城市裡

我們可以從遺跡的角度觀看許多古代建築。本書的
電腦繪圖嘗試重現它們當時的樣貌，但在此稍微偏離主
題一下，試著把遺跡合成到東京及其周邊的景點中，

讓大家可以具體感受這些遺跡。希望藉此想像當時
的生活，與我們所生活的現代比較一番。

羅馬競技場與東京巨蛋

一講到羅馬時代角鬥士競技的中心，那就是羅馬競技場。在羅馬帝國為數眾
多的競技場中，羅馬競技場面積最大，有其核心地位。以現代日本而言，或許就
像東京巨蛋吧。兩者可容納的觀眾都是將近五萬人，算是不相上下，但大小而言，
東京巨蛋的長寬是 280 公尺×260 公尺，羅馬競技場卻只有 180 公尺×156 公尺，
東京巨蛋略勝一籌。此外，東京巨蛋有屋頂，羅馬競技場則有可動式帆布屋頂裝
在上方。兩者差了近兩千年，可算平分秋色。

不過，若以相對於人口的競技場數量來看，羅馬競技場時代，羅馬的人口只
有一百萬左右，不過是東京的十分之一而已。也就是說，若直接計算每人平均的
造訪次數，當時的羅馬是東京的十倍。事實上，羅馬競技場一啟用，就連續舉辦
一百天的活動，經常都是座無虛席。光是這點，就已超過東京巨蛋每年由巨人隊
主辦的比賽場數。

還有，在羅馬帝國總人口約五千萬人的那個時代，全帝國有一百座以上競技
場。以人們熱中此道的程度而言，應該算羅馬帝國遠勝過日本吧。

羅馬水道橋與丸之內

　　羅馬有十一條水道，最長的叫做新阿尼奧水道，全長 97.17
公里。這相當於從東京都心區經東名高速公路到達靜岡縣御殿場
的距離。在毫無機械設備下可以建造出來，實在教人吃驚。順便
一提，現代與之相當的設施，或許就是下水道了吧。東京都目前
有最大達 8 公尺高的下水道，以東京的 23 區而言，長度總計達
一萬五千公里。

　　此外，一講到羅馬的水道就會讓人想到水道橋。水道橋在水
道的總長之中，只占極小一段，多半都是通過地下。以新阿尼奧
水道而言，水道橋為 9.64 公里，約占總長的十分之一。水道橋中，
也有高度近 40 公尺的部分，這事實上已相當於十層樓高的建築。

　　看過本書後應該也能體認，羅馬人除了愛洗澡的程度很少見
外，也很努力建設。

萬神殿與淺草‧淺草寺

　　「Pantheon」有「所有神祇」之意，能與之相比較的建築，以東京來説就是明治神宮或淺草的淺草寺了。不過，由於明治神宮興建於 1920 年，為時尚短，所以舉淺草寺為例。

　　淺草寺供奉七福神中的大黑天，在萬神殿變成基督教建築時的公元 645 年落成，時間久遠得讓人意外。即便如此，目前的淺草寺本堂是把二次世大戰時因空襲而燒毀的部分於昭和 33 年（1958 年）重建而成了。正面寬 34.5 公尺，前後長 32.7 公尺，寺高 29.4 公尺。萬神殿的圓頂雖寬達 43.3 公尺，但入口有圓柱並排的前廳，橫幅卻只有33.1 公尺，與淺草寺相符。

　　淺草寺供奉大黑天神，原本是古印度趕走惡魔的守護神「瑪哈嘎拉」（Mahakala），日本視為驅魔軍神與廚房之神來供奉。祂是室町時代仿照日本的傳統神祇人國主命而產生的，曾幾何時變成福神之一。這不是和羅馬接受希臘諸神很像嗎？

橫濱馬車道通與古羅馬廣場

　　日本在戰前時的現代建築，很多都加上羅馬風格柱式做為裝飾。因此，在此要把羅馬建築與昭和初期的建築放在一起比較看看。

　　在現代日本最能看到昭和初期建築的，就是橫濱櫻木町的馬車道通周邊了。自幕府末期開港開始發展的這裡，由於地近外國人居留地，自明治以後也建設不少現代建築。

　　在此登場的是 1929 年由安田銀行營繕部設計興建的舊富士銀行橫濱分行（舊十田銀行橫濱分行）。與之相比的是古羅馬廣場中由凱撒興建的朱利亞聖堂。雖然相隔約兩千年，但把兩者擺在一起相比，看得出來朱利亞聖堂超乎想像地大得多。雖然現代的建築技術進步，但就裝飾而言，卻不會讓人覺得和以前有太大不同。反倒是古羅馬時代由大財主投入私人財產興建的建築，加上更多「浪費歸浪費，卻還是美」的裝飾，而更顯優雅。

帝國議事廣場與新宿新都心

　　古羅馬廣場變得擁擠後，凱撒在主政時期就在鄰近處興建帝國議事廣場。由於是新的都市中心，所以希望拿新宿新都心來與之相比。

　　帝國議事廣場大體上可以安置在總長約 400 公尺，總寬約 200 公尺的土地範圍內。這其實與位於新宿都廳前的新宿中央公園差不多大。

　　把新宿的摩天大樓拿來與古羅馬建築比較，有點牽強，但羅馬建築的規模，與鋼骨結構在十九世紀正式導入建築業前的建築相比，技術上的差距並不是那麼大。其實，在羅馬也有那種不斷修復，歷經兩千年還在使用的橋。希望各位了解羅馬的建築技術確實出色之餘，也能想到，規模這麼大的興建工程，還是在毫無機器可以大規模生產的時代完成的呢。

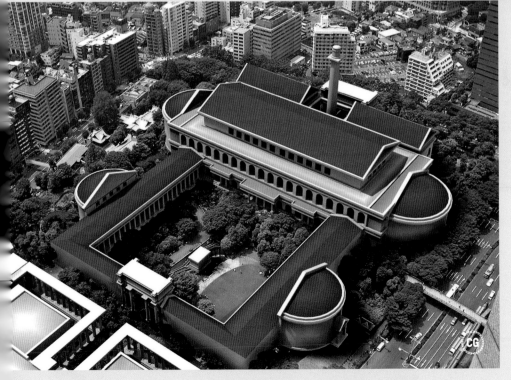

平民公寓與東京住宅區

　　平民公寓是古羅馬時期的店鋪兼集合住宅，在現代來講可算是住商綜合建築。由於奧古斯都時期對高度有所限制等因素，多半都是四層到五層居多，結構上也都是以混凝土或紅磚所建造，乍看之下會覺得與現代建築並無太大差別。根據現代的建築法，四層以下建築並無設置電梯，所以要說哪裡不同，或許只有電力、自來水、瓦斯等管線而已吧。

　　這裡合成的是東京都文京區首都高速五號線高架橋下、神田川周邊的住宅。和當地建築相比，古羅馬的平民公寓不但毫不遜色，而且因為設計相同的建築並排在一起，看來反倒十分整齊。不過，實際要生活的話，沒有前述的管線還是行不通的，所以住得愈樓上，愈會覺得生活不便。事實上，古羅馬時期是樓層愈往上，租金就愈便宜，和現在相反。

羅馬船與東京灣

　　海在任何時代都還是海。在現代也一樣，需運送大宗物品，得用船來運送。要便宜運送大量物品，沒有比船隻更方便的了。古羅馬時期的商船，較大的也有近 70 公尺，但多半還是中型船隻。羅馬人就是藉由這些船，才得以實現地中海區域的豐沛物流。

　　公元 166 年，羅馬皇帝奧理略遣送使節到當時中國的東漢去。由於年代早在大航海時代之前，很難說所有旅行都是搭船經由海路；但羅馬的黃金時期如果能再持續下去，或許就能像十六世紀的歐洲人，也跑到日本來。

　　在此試著把「古羅馬船隻出現在現代日本」的景象電腦合成出來。張著鮮豔紅色船帆的圓形帆船，應該可以讓人感受到旅途有多漫長，以及他們的勇敢吧。

羅馬人在生活中
使用的各種器具

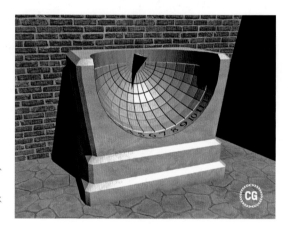

日晷

羅馬時代所使用的日晷。將白天與晚上均分為十二等分，夏天與冬天會有一小時的差距。日晷會受到太陽左右，另外還有一種利用水流的水鐘，不過據說很難準確表示時間。

與現代幾無差異的羅馬日用品

在此也介紹一下古羅馬人生活中的一些用品吧。

在此要介紹一種稱為「卡提魯斯」（catillus）、由家畜拉動的石磨，日晷、家具，以及用於搬運葡萄酒等物品的「雙耳細頸壺」（amphora）。此外，從龐貝出土的文物中，還可發現湯匙、玻璃瓶、鏡子、油燈等日用品，以及手術刀等外科手術工具。似乎除電器品外，現在我們周遭的所有東西，幾乎都存在於古羅馬。尤其是金製飾品或戒指的做工之精細，令人驚嘆。

那麼，這些物品實際上的價值如何呢？根據殘留於龐貝的酒館裡的塗鴉，若有人能幫忙找回遭竊的青銅壺，失主願意出 65 塞斯特提爾斯（Sestertius）的獎金。以現在的價值而言，據說相當於 2 萬 6 千圓日幣（約合 7 千 8 百元台幣）。如果和現代的日本一樣「撿到失物者可得一成」來計算，東西的原本價值就是 26 萬圓（約 7 萬 8 千元台幣）了。因是純手工製成，價值與現代相比還是偏高。

一聽到「兩千年前」給人十分古老的感覺，好像無法與現代相比，但人們的生活，卻出乎意料地沒有太大的改變。

安佛拉

所謂的「雙耳細頸壺」，就是用於搬運葡萄酒、橄欖油或稱為「加隆」（Garum）的魚露等物品時使用的壺具，代表著「兩邊一起拿著搬運」。這種形狀適於以船運送，而且視所裝東西的不同而使用不同壺具。表面會寫上所有人的名字、內裝商品、交易對象等資訊。

家具

羅馬時代的家具多為青銅製（也有木製與大理石製），很多也都添加裝飾。左邊的桌子可折疊，教人驚訝。

卡提魯斯

用於磨小麥的大型石臼。大小約為小孩子身高，由驢等家畜拉動使用。常見於城裡的麵包店等遺跡，據說每小時可以磨掉 5 公斤左右的小麥。

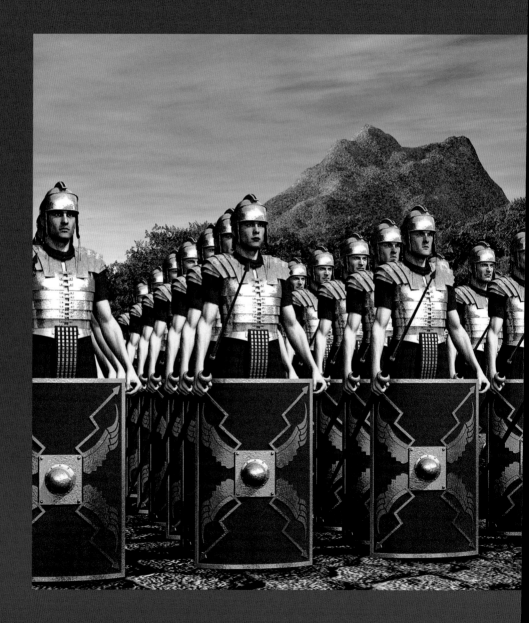

羅馬軍團與戰爭

支撐世界帝國羅馬的軍隊

羅馬是個在歷史上不斷打仗的戰鬥國家。構成其基本軍隊組織的，是伊特魯里亞人的軍隊，或者也可以說是古希臘軍隊的最終形態。而隨著羅馬的政治形態由王政、共和政體，一直變化到末期的帝政，軍隊也漸漸產生變化。在此要針對羅馬軍團做一解說。

隨時代變化的最強羅馬軍團

古羅馬的成立，據說在公元前一千年左右，但當時的事情幾乎都只留下神話般的傳說而已。推測起來，應該是以部族為單位過著社會生活，但有無軍隊組織這種細節，目前尚未明確得知。

其後，成為都市國家的古羅馬，歷經初期的王政時期，在公元前五百年左右改為共和政體。從社會體制的細節已有明確記載、公元前兩百年左右的共和政體中期開始，一直到公元前 44 年由凱撒導入獨裁官制度而產生的帝政羅馬時期為止，羅馬軍團的地位可說是世界最強。

共和時代初期，軍隊體系是採伊特魯里亞式的「全民皆兵」。當時士兵的武器或防具等，都是以自行設法取得為原則，但常發生有部分士兵無法自己弄到裝備的問題。因此，羅馬決定導入自己的軍隊體系。

必須服兵役的是 17 至 46 歲的成年男性，而且是以擁有相關資產為前提，其資產是區分為五個階層。

武器必須自行設法取得，這點沒有變。然後視士兵能為武器花錢到何種地步，分派為「主力兵」（Principes）或「後列兵」（Triarii）的重裝步兵，還有「輕裝步兵」（Velites）。而缺少金錢而無法弄到裝備的年輕人分至輕裝步兵，擁有充足資產的、較年長的，就列為重裝步兵。

以現代的常識來看，可能很難理解這樣的軍隊編組方式。但換個角度來看，把裝備雖差、但身手矯健、體力

較好的年輕人組成的輕裝步兵置於最前列突破戰線後，再交由後方等待的老練重裝步兵擊潰敵軍，也是蠻易理解的一種手法。

此外，重裝步兵之中，還有一群「首列兵」（Hastati）。這群人是特別由身體強健的年輕人組成的部隊，身負在最前線四處衝撞，一直到體力耗盡為止。雖然有很高的喪命風險，但缺乏作戰經驗的年輕人也能在短期間建立戰功，因此據說也有雖然富裕卻仍希望優先分派至此的年輕人。

當時，羅馬軍隊的服役期間基本上是 6 年，也可以是短期服役加起來 6 年，完成兵役後，就回歸市民生活，但也有部分人士會志願繼續留在軍隊裡。不過，由於也留有「不得延長役期」的資料在，或許是隨時代變遷而不同。此外，他們的做法是，不打仗時，會把從事軍務的人員控制在最少人數，一有戰爭就會發出徵兵令。

數百年間，羅馬共和時代的軍事體制變得愈來愈完善。但在羅馬的統治領土變得極大後，遠征過於操勞以及不想派駐在邊境地帶，志願兵急劇減少。為此，共和政體末期，蓋烏斯・馬略（Gaius Marius，公元前 156 至 86 年）就任執政官（Consul）後，便實施大規模軍團改革，稱為「馬略軍改」（Marian Reforms）。

具體而言，廢除了之前擁有一定財產的羅馬市民才能服兵役的規定，但對於征服地的居民，也賦予羅馬市民權，准許他們服兵役。此外，沒有資產的貧困市民也可從軍，變成武器與防具全數由政府支給的形態。原本有如形式的軍餉也大幅增加，形成了「軍人」這樣的職業。6 年的兵役義務也廢止，在制度上改為讓想從軍者可以長期從軍。

馬略軍改的結果，讓羅馬軍團在編組與裝備體系上，變為更接近後來近代軍隊的型態。其基本型態是由貴族出身的職業軍人擔任軍官指揮，這等於實際上廢除了基於財產區分的身分制度，由人數更多的市民階層擔任士兵。

武器變成由政府提供，因此重裝步兵與輕裝步兵的區別也消失了。原本最為輕裝的「Velites」失去存在意義，也廢止了。不過，對於貴族出身的軍官則提供有別於一般品，以肉眼便可看出的高價訂製品。

帝政初期，還有另一項軍政改革，就是近衛隊（Praetorianus）的強化。這與皇帝周遭的權力鬥爭激化，必須增強首都內部的防衛不無關係。近衛兵的軍餉是軍團兵的三倍，裝備也都是鍍錫或鍍銀的豪華青銅製盔甲，這是在軍團中少有的，令人欽羨。

另一方面，時代再往前進，到了帝政末期，羅馬軍團的士氣低落已經愈來愈嚴重。主要原因在於相當於總指揮官的皇帝極其腐化，讓中央無法監督到廣大統治地域的邊陲地帶所致，卻又沒有可去除這些弊病的方法。

此外，由於士氣低落，羅馬軍團也無法再行肉搏戰了，多半使用可在一定距離與敵軍對峙、向之投擲的兵器。一般視為「兵器改革」的投擲兵器登場，真正的理由竟是因為士兵士氣低落，還真是件可悲的事啊。

羅馬士兵的種類與裝備

兵種依年齡、身分、角色而仔細畫分

　　隨著時代的變遷，羅馬軍團的職種也出現各種變化，不過最基本的型態還是來自共和政體時期大舉採用的「重裝步兵」與「輕裝步兵」。

　　最讓人在意的基本問題是，到底要如何去區分「重裝」與「輕裝」？這裡所謂的重裝步兵，就是有能力自費購買武器與防具、出身富裕的市民。輕裝步兵則是因貧困而無力自行購買武器、裝備較陽春的士兵。

　　相對於穿戴盔甲、頭盔、拿著又大又堅固的盾牌，以及強固護脛、護腕的重裝步兵，輕裝步兵的武器只有簡單的擲矛或圓盾，至於護具則只有很單薄的青銅頭盔而已。特徵在於，為提高自己的士氣，這頂頭盔會披上狼或獅子等動物的毛皮。

　　重裝步兵依其在軍團的戰鬥位置分配，可區分為首列兵（第一列士兵）、主力兵（第二列士兵），以及尾列兵（第三列士兵）。一般而言，主力兵較首列兵年長且有社會地位，尾列兵又較主力兵年長且有社會地位。這種雖然處於共和政體下，卻依身分制度與資產之有無決定戰場中生存機率的制度，實在讓人很感興趣。

　　相對於此，輕裝步兵稱為「velites」，配置於首列兵的前方，做為擾亂前線之用。他們相當於象棋中的「兵或卒」，多半都是用過即丟的角色。

　　而指揮士兵的階層，相當於現代所稱的分隊長或小隊長，是率領百人隊伍（centuria）的百夫長（centurio）。

　　所謂的百人隊，是羅馬軍團中最小的士軍力單位，對士兵而言也是最近身而令人敬畏的組織。此外，百夫長中也有地位高低之分，排名最上面的六人，可以參與由執政官召集的作戰會議。

　　此外，羅馬軍團中的騎兵，雖然可以擁有馬、帶馬一起從軍，但多半是富裕階層出身的士兵，基本上不會有從其他兵科轉職為騎兵的狀況發生。

　　這種特殊例子也出現在稱為「sagittarius」的弓兵身上。到共和政體中期為止，弓兵在羅馬軍團中還不受重視，但在馬略軍改後，以輔助軍身分加入羅馬正規軍的邊境居民，特別是擅於弓技的人，也開始在軍團內部占有一席之地。

重裝步兵

裝備頭盔、盔甲、大型方形盾牌與劍，是共和政體時期典型的重裝步兵。稱為「多層片甲」（lorica segmentata）的盔甲是把金屬片連接在一起所構成，但初期是採青銅，後期才是用鐵。除劍外，也有很多是使用稱為「pilum」的重標槍。無論在戰場上的排列位置是同屬「主力兵」或「後列兵」，裝備也都會有不同。隨時代進步，愈做愈堅固也是事實。此外，輕裝步兵基本上不穿盔甲。

重裝步兵（首列兵）

他們既是重裝步兵一支，卻又與輕裝步兵共同在最前線擔任突擊隊，擅長戰線突破與擾亂戰法。總之，這些士兵的年齡較輕，把過剩的體力當成武器到處衝撞。防具上不穿盔甲，只穿著小片金屬板做為防護胸背之用。由於注重機動性，盾牌也是輕量型的。順便一提，本圖是較為久遠的布匿戰爭（Punic Wars）時的造型。

執政官（Consul）

本圖是所謂的執政官。他們是共和政體時期由元老院選出的行政之長，同時也是軍團的最高司令官。他們以將軍之姿在前線直接指揮軍團並非少見之事。特徵在於，他們會在這種場合穿著稱為「多層片甲」的堅固胸甲或豪華的深紅上衣。

騎兵

羅馬軍團的騎兵是由最為富裕的市民構成的，不過這也是因為馬是自備的所致。在羅馬能夠擁有馬，非得要有相當地位才可能。想當然爾，騎兵的特徵在於防具或武器都是極為高品質的高檔裝備。

百夫長（centurio）

羅馬軍團中的作戰專家就是稱為「centurio」的百夫
長。共和政體時期是由士兵所投票，帝政時期後則由
擔任上級指揮官的大隊長（tribunus）指派。裝備的
話與後列兵那種資深重裝步兵沒有太大差異，但進入
帝政時期後，就有人把依軍功或作戰經驗而取得的榮
譽徽章大量佩掛出來。

弓兵

稱為「sagittarius」的弓兵是羅馬帝國隨所支
配領土愈來愈大而廣為導入的新戰術。擔任
弓兵者多為所征服地域的士兵。進入帝政時
期後，隨戰術上對投擲性兵器的重視，他們
的勢力也變大了。

羅馬軍團的戰術

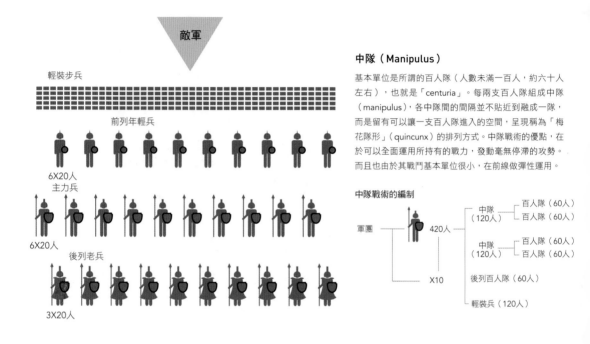

敵軍

輕裝步兵

前列年輕兵

6X20人
主力兵

6X20人

後列老兵

3X20人

中隊（Manipulus）

基本單位是所謂的百人隊（人數未滿一百人，約六十人左右），也就是「centuria」。每兩支百人隊組成中隊（manipulus），各中隊間的間隔並不貼近到融成一隊，而是留有可以讓一支百人隊進入的空間，呈現稱為「梅花隊形」（quincunx）的排列方式。中隊戰術的優點，在於可以全面運用所持有的戰力，發動毫無停滯的攻勢。而且也由於其戰鬥基本單位很小，在前線做彈性運用。

中隊戰術的編制

軍團 —— 420人 —— 中隊（120人）—— 百人隊（60人）／百人隊（60人）

中隊（120人）—— 百人隊（60人）／百人隊（60人）

X10 —— 後列百人隊（60人）

輕裝兵（120人）

戰術的基礎相同，但隨時代變化

羅馬軍團的代表性戰術，一直流傳到現代的，是所謂的「中隊戰術」。這種戰術是在共和政體初期、公元前四世紀左右開始導入羅馬軍。不過目前幾無具體文獻可證明此事，因此傳至現代的中隊細節，是公元前二世紀左右的隊形。

其具體編組是所謂的「三段戰法」，將多支稱為「centuria」的百人隊（小隊）組為中隊（manipulus），排成「三線陣列」（triplex acies），再適時交替前進，擊破敵軍。

戰列首先是安置於最前線的輕裝步兵（velites），後方不遠處，處於約莫同列位置的，是穿戴些許輕裝備的重裝步兵首列兵（hastati），再後面是重裝兵步主力兵（principes），最後一列是重裝步兵後列兵（triarii）。正確來說應該不是三列而是四列，不過最低層出身的市民，也就是輕裝步兵，並未列入計算。

戰爭最初，是先從全體一齊投擲羅馬軍特有，且為人人隨身攜帶的數支擲矛開始。

以現代的說法，相當於利用野戰重砲做「攻擊準備射擊」。為使敵軍隊形在一瞬間潰

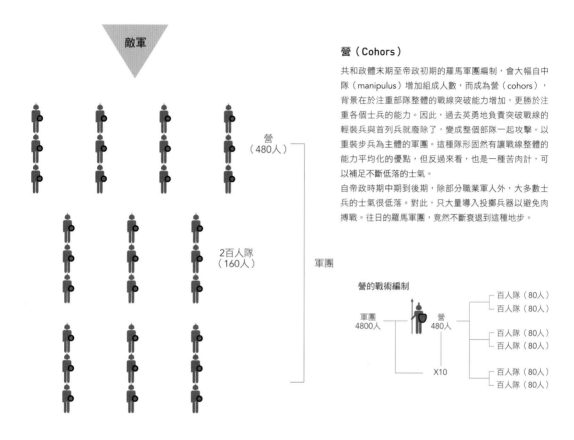

營（Cohors）

共和政體末期至帝政初期的羅馬軍團編制，會大幅自中隊（manipulus）增加組成人數，而成為營（cohors），背景在於注重部隊整體的戰線突破能力增加，更勝於注重各個士兵的能力。因此，過去英勇地負責突破戰線的輕裝步兵與首列兵就廢除了，變成整個部隊一起攻擊。以重裝步兵為主體的軍團。這種隊形固然有讓戰線整體的能力平均化的優點，但反過來看，也是一種苦肉計，可以補足不斷低落的士氣。

自帝政時期中期到後期，除部分職業軍人外，大多數士兵的士氣很低落。對此，只大量導入投擲兵器以避免肉搏戰。往日的羅馬軍團，竟然不斷衰退到這種地步。

敵軍

營（480人）

2百人隊（160人）

軍團

營的戰術編制

軍團 4800人 / 營 480人

百人隊（80人）
百人隊（80人）
百人隊（80人）
百人隊（80人）
百人隊（80人）
百人隊（80人）

X10

不成軍，首先由輕巧的輕裝步兵突擊。他們的武器是比重標槍略短的標槍（javelin）。延續輕裝步兵，接著由首列兵突擊。這些年輕士氣高的重裝步兵，一般都擁有比輕裝步兵還高的續戰能力。

基本戰術是，這些突擊部隊在初期取得一定成果時，就往後穿越在後方待命的中隊間的縫隙，一直退到最後列的後列兵後方去補充武器。

不過，在共和政體末期的馬略軍改後，裝備全都由政府提供。此後輕裝步兵與重裝步兵就沒有區別，也就沒有「三線陣列」的隊型了。

結果是導入「營」（cohors）的編制，做為新的主要戰術。營也譯為「大隊」，由此可知，其特徵在於把單一戰鬥單位從中隊的120至200人大幅增加至480人。

構成「營」的士兵全都是重裝步兵，先投擲重標槍，然後揮舞著劍突入敵軍。這種型態雖與過去沒有太大變化，但隨年代不同，也開始多所運用弩砲（ballista）等投擲型兵器。此外，開始採用長矛與長劍，也是帝政末期的特徵。

羅馬軍團的武器

以肉搏戰為主的英勇羅馬士兵

羅馬軍團「Legio」的士兵所裝備的武器，具有很高的戰術意義。其特徵在於，基本上是承繼自古希臘的裝備體系，以勇敢的肉搏戰為主，因此也可明顯看出幾乎不 使用弓箭。

羅馬軍團是以各種不同的標槍來代替弓。在希臘所謂的「方陣」（phalanx）中，使用很多以穿刺為主要用途的長矛，但羅馬士兵則是自行攜帶多支重鏢槍、矛、標槍等較短的槍矛類武器。用意在於讓這些武器如雨點般落在敵軍頭上，好在一開戰時就迫使對方喪失戰意。

為防止這些槍矛類武器被敵軍撿來攻擊我軍，羅馬軍還特別費番工夫。

對於視肉搏戰為軍人真正榮耀的羅馬軍而言，使用的劍也很重視其實用性，為了在混亂的戰場中容易使用，因此多半都是較短的短劍（gladius）。但到了帝政末期，由於要與敵軍保持一定間隔，長劍（spatha）取代短劍。這也代表羅馬軍團的士氣已然低落。

石弩（onager）

羅馬軍自共和政體末期開始，每個百人隊就配置一台稱為「弩砲」的投擲器。這種投擲器可以擲出從大弓到石彈的任何東西，擁有多功能的優點。後來到帝政末期，把大量頭髮糾成一條，催生出可產生龐大射力的石弩（onager）。據說這是中世紀投石車（catapult）的原型。

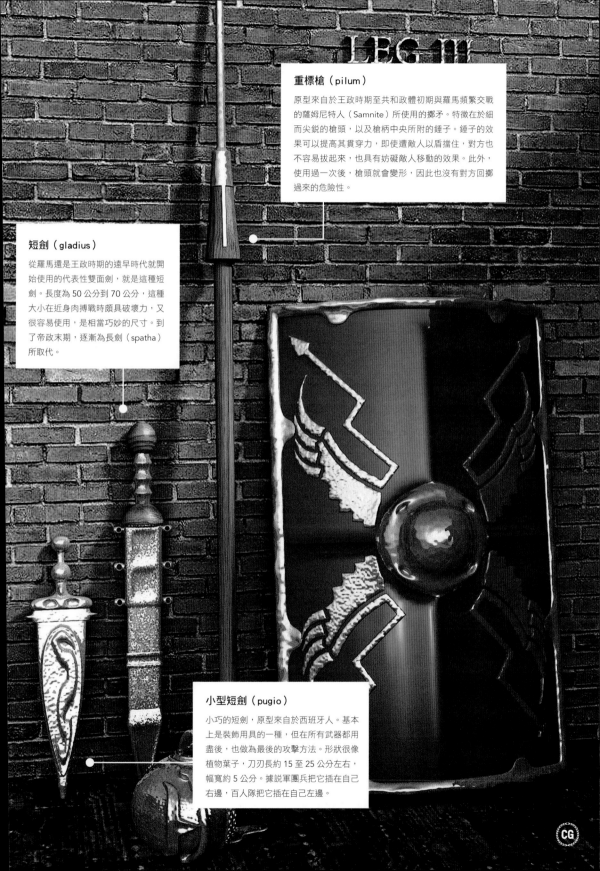

重標槍（pilum）

原型來自於王政時期至共和政體初期與羅馬頻繁交戰的薩姆尼特人（Samnite）所使用的擲矛。特徵在於細而尖銳的槍頭，以及槍柄中央所附的錘子。錘子的效果可以提高其貫穿力，即使遭敵人以盾擋住，對方也不容易拔起來，也具有妨礙敵人移動的效果。此外，使用過一次後，槍頭就會變形，因此也沒有對方回擲過來的危險性。

短劍（gladius）

從羅馬還是王政時期的遠早時代就開始使用的代表性雙面劍，就是這種短劍。長度為 50 公分到 70 公分，這種大小在近身肉搏戰時頗具破壞力，又很容易使用，是相當巧妙的尺寸。到了帝政末期，逐漸為長劍（spatha）所取代。

小型短劍（pugio）

小巧的短劍，原型來自於西班牙人。基本上是裝飾用具的一種，但在所有武器都用盡後，也做為最後的攻擊方法。形狀很像植物葉子，刀刃長約 15 至 25 公分左右，幅寬約 5 公分。據說軍團兵把它插在自己右邊，百人隊把它插在自己左邊。

CG

羅馬士兵的生活

最初只是民兵結合而成

隸屬於羅馬軍團的士兵，在共和時期的生活與帝政時期的生活有很大的變化，甚至可說完全不同。

共和時代初期的軍團士兵，只是純粹的民兵，指揮官也是由士兵透過選舉選出來的。

所裝備的武器或馬匹等，都是個人自己帶去的；在軍隊裡雖然會因為戶口調查得知個人資產多寡而有階級差異，但還是具有為驅逐外敵而採取行動、志願兵般的自我意識。

共和政體初期的羅馬，勢力主要是在現在的義大利境內，然後以其他部族等都市國家為對象，基於擴大統治地域的目標發動戰爭。

過程中，羅馬雖然也有遭人攻擊，基本上

戰場都在義大利半島與其附近，對士兵來說形同在自家院子作戰一樣。

要說到敵人，大概就是與伊特魯里亞人或薩姆尼特人間的對抗了，不過由於他們都是具有優秀軍事能力的部族國家，後來羅馬的兵器與軍制，據說受到這兩個國家的極大影響。

成為世界國家，職業軍人登場

不過，公元前二世紀，羅馬正式展開擴大統治地域的政策後，原本為了「防衛國家、不讓外人入侵」的目的而組成、有如共同體般的軍隊結構，就漸漸瓦解了。

士兵的士氣雖然一樣高昂，但能在操勞的遠征戰中習慣戰爭的人才會較有發言分量，原本由士兵間互選產生的百夫長，漸漸變成由累積許多經驗的資深者，而且是出身富裕階層的人獲選出線。自共和政體末期帝制時期，是羅馬最為春風得意的一段日子。

當時，羅馬的統治領土以彷彿要統治全歐洲般的態勢不斷擴大。這些遠征戰的辛苦自不待言，與羅馬國內有文化的生活相比，在所征服地域的駐紮生活，十分難熬，因此原本由富裕的市民組成、屬志願役的軍團士兵中，開始有人毫不掩飾地拒絕接手軍團勤務。

這使得軍團無法再以志願性質維持下去，帝政時期的羅馬軍團不得不變成由完全屬職業軍人的指揮官、自願入伍的士兵，以及占領地出身的傭兵等成員來維持。

軍人生活變得更好

不過士兵的生活水準，帝政時期要比共和時期好太多了。

共和時期的士兵從軍時只領到微薄薪水與些許糧食，裝備的更新也全由自己負擔。

進入帝政時期後，為使人數變少的志願兵可以光靠兵役過活，武器與防具變成官方提供，軍餉也大幅加碼。

裝備的統一化與近代化，就士兵的生存率因而提高來看，確實發揮了很大的成效。

粗略來看，帝政時期的軍團或許只讓人覺得軍務很繁重，但事實上由於軍隊的近代化，環境也變得適於士兵過更好的生活。不過，士兵的待遇提升與軍隊的戰力堅強，依然還是兩回事。

帝政時期的羅馬，雖然讓軍隊近代化了，但中央政府卻已腐敗到極點，國力也因而大幅衰退，終而步上崩毀的道路。

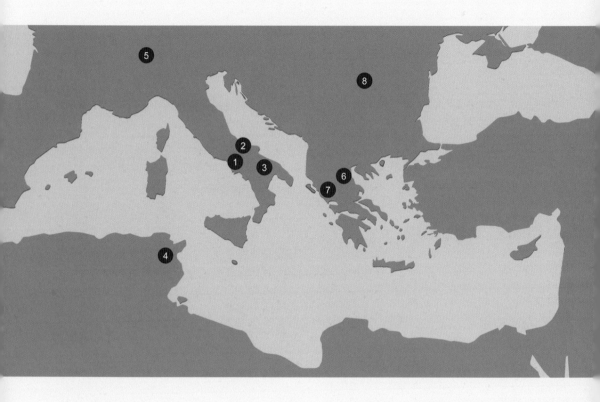

主要戰場

1. 與伊特魯里亞抗爭　2. 森提諾戰役（公元前 295 年）　3. 布匿戰爭、坎尼戰役（公元前 216 年）　4. 布匿戰爭、札馬戰役（公元前 202 年），擊潰迦太基　5. 凱撒遠征高盧（公元前 58 年～ 50 年）　6. 法薩盧斯戰役（公元前 48 年），凱撒擊敗龐培　7. 亞克興海戰（公元前 31 年），奧古斯都擊敗安東與克麗歐佩特拉聯軍　8. 圖拉真遠征大夏（公元 101 年～ 106 年）

羅馬軍團的激戰

在羅馬帝國的千年歷史中，羅馬大都在進行某種戰爭。在此介紹其中幾個主要戰爭。

B.C.750~509 與伊特魯里亞抗爭
長於軍事而威脅初期羅馬的都市國家

對於建國沒多久的羅馬而言，稱得上是長年宿敵的，只有伊特魯里亞人與薩姆尼特人。

其中，前者據說繼承古代西臺人（Hittites）血統、長於軍事與技術，在從現今米蘭附近往義大利半島南部移動時，在各地與羅馬軍發生衝突。

這些伊特魯里亞人與初期的羅馬勢不兩立，結果在公元前五世紀初開始，伊特魯里亞的國王統治羅馬約一世紀。

羅馬人在公元前五世紀末發動大規模叛亂。對伊特魯里亞人的高壓統治不滿的羅馬市民，無視於自己在裝備上的劣勢，不斷奮戰之下，終於成功地趕走伊特魯里亞人的王族。

廢除由其他民族統治的王政後，羅馬產生新的共和政體。而在軍事力方面，羅馬也開始強盛起來。

B.C.3 世紀左右 高盧戰爭
共和政體初期來襲的北方蠻族

與伊特魯里亞人的抗爭，最後以羅馬逆轉過來統治的形態收尾。到了公元前四世紀左右，義大利半島大部分都成為羅馬的統治範圍。此時，高盧的塞爾特人勢力，入侵了北方由伊特魯里亞與羅馬共同統治的地區。

相對於已有軍隊組織的羅馬，塞爾特人是個連盔甲與頭盔都不穿不戴，只以盾與劍為武器襲擊敵軍，而且還會砍下敵人首級的蠻族。

針對後來一百年間不斷入侵的塞爾特人，羅馬軍雖然展開領地保衛戰，但在公元前285年，駐伊特魯里亞的羅馬軍團吃到全軍覆沒的苦頭。

憤而報復的羅馬軍，派遣近六萬人大軍，最後殲滅塞爾特人的四萬大軍。在不斷進攻下，對方於四年後無條件投降，羅馬獲勝。這是羅馬第一場傾巢而出的戰爭。

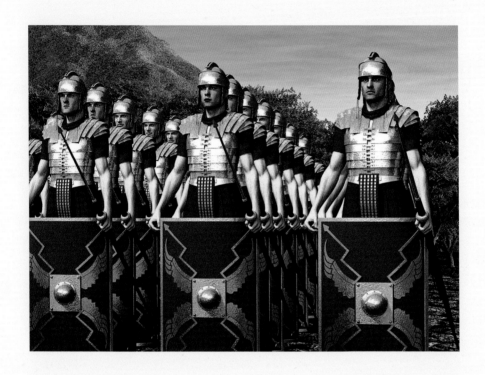

B.C.264~146 布匿戰爭
以大海為目標的羅馬與迦太基間的攻防戰

對於擊退塞爾特人、又努力和薩姆尼特人談成講和條約的羅馬而言，以地中海為目標的南進政策，就某種角度也是理所當然的戰略。公元前 265 年，羅馬先以西西里島為目標展開進攻，缺乏海軍能力的羅馬，與統治西西里島的腓尼基人國家迦太基之間發生戰爭。這是第一次布匿戰爭。

羅馬與迦太基間的勢力爭奪，其後持續了一百多年。而拯救了一時呈極度敗象的迦太基的，是名將漢尼拔 (Hannibal Barca)。

公元前 218 年，漢尼拔越過幾乎不可能通過的阿爾卑斯山，成功攻到羅馬城。這是第二次布匿戰爭，後來戰事雖然愈來愈激烈，但最後失去漢尼拔的迦太基，就在第三次布匿戰爭中因兵糧嚴重不足而全軍覆沒。

B.C.58~50 遠征高盧
以大海為目標的羅馬與迦太基間的攻防戰

公元前 58 年，凱撒率領羅馬大軍開始征服阿爾卑斯山以北的高盧地方。高盧正是長年讓人煩惱的塞爾特人根據地。凱撒展開這次遠征，起因是東北的日耳曼族大舉開始往西方移動。羅馬趁此空檔移動大軍，讓高盧地方陷入大混亂。

凱撒所率領的羅馬軍團，逐一擊潰堪稱宿敵的塞爾特人部族。早已成為世界一流軍隊的羅馬軍團，根本不是塞爾特人有辦法抗衡的。遠征戰進入第七年的公元前 52 年，雖有阿維爾尼族（Arverni）的首領、痛恨羅馬的韋辛格托里克斯（Vercingetorix）率領周邊部族展開大規模反攻，但羅馬軍團的戰術依舊不可動搖。兩年後的公元前 50 年，高盧幾乎全數落入羅馬手中。

B.C.44~31 三巨頭政治與內亂
軍事國家發生的激烈權力鬥爭

羅馬挾其強大軍事能力加強對地中海世界的統治後，身為軍團實際支配者的總督（legatus）的發言，在元老院就更加有分量了。這使得高盧總督凱撒、敘利亞總督克拉蘇與西班牙總督龐培形成了三巨頭政治時代。不過這不久就成為內亂的導火線，對外敵展現實力的羅馬軍團，竟演變成互相殘殺。

凱撒遭暗殺後，繼位者屋大維也與政敵安東尼、雷比達（Marcus Aemilius Lepidus）組成「後三巨頭政治」，但與埃及女王克麗歐佩特拉串通的安東尼背叛羅馬，後來在亞克興海戰中，敗北的安東尼與克麗歐佩特拉一起自殺。取得勝利的屋大維冠上新稱號奧古斯都，站上羅馬第一任皇帝的政治巔峰。

A.D.101~106 大夏戰爭（Dacian Wars）
帝政末期以統治東歐為目標的侵略戰

歐洲北部與中西部，亦即多瑙河與萊茵河所夾地域，是羅馬實際統治區域的北緣。在一般稱為大夏的這裡，從公元 70 年左右開始，居住於此的部族就不斷對體質開始變差的羅馬展開反抗。

羅馬帝國發生危機，圖拉真大帝在公元 101 年展開大規模討伐大夏。作戰成功，羅馬的統治地域也擴大，但是卻未能有效統治這裡，自此之後，長達兩百年，都持續著激烈的戰事。

其中，包括哥德族匈奴等後來在歐洲統治上扮演重要角色的部族，於該地域交替上演著部族間抗爭以及抵抗羅馬統治的複雜戲碼。這次發生於羅馬末期的戰事，最後使得羅馬帝國元氣大傷，進而不得不分裂為東羅馬與西羅馬帝國。

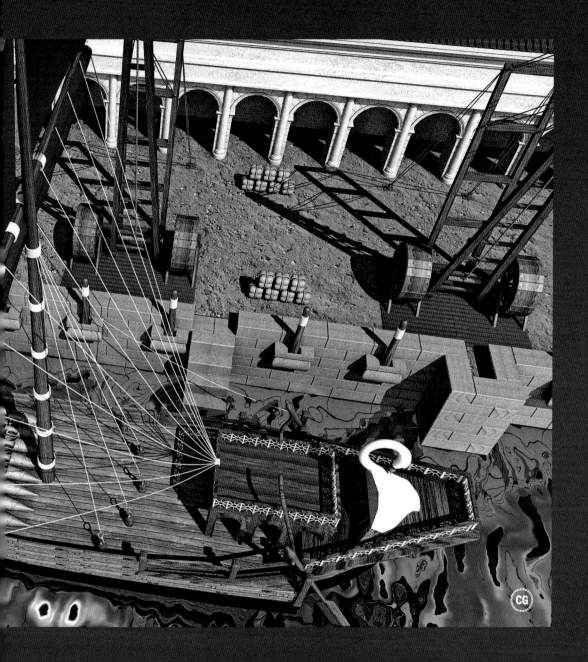

船與海運

跨越地中海的羅馬船隻隊

外國人經營的海運事業

在羅馬帝國內，在地中海往來交易的航路網雖然建於羅馬人之手，但在漫長的古羅馬海上貿易史中，卻都是委由希臘人、敘利亞人（腓尼基人）、亞歷山卓人等外國人來進行。

其理由在於，一般認為，商人並非羅馬市民適合從事的職業。特別在元老院等主司國政的高貴人士眼中，「賺錢」這種行為，對羅馬市民來說實在很不恰當。

有個故事就說明這樣的狀況：在公元前218年制定的《克勞狄亞法》（Lex Claudia）中，元老院元老及其兒子除禁止承接公共事業的經營外，也不能擁有總載運量達三百葡萄壺（雙耳細頸壺）、相當於15噸以上的海上貿易船。因此元老院這些人只好透過購買自己附近的土地或是占有公有地，而成為土地大戶。

羅馬帝國在公元前166年把提洛島（Delos）定為自由港，公元前146年又征服迦太基與科林特斯（Korinthos）。之後，提洛島成為一大貿易港，但此時除希臘人外，也已有義大利人進出了。

不過，進出的多半仍是南義的那不勒斯或塔倫圖姆（Tarentum）、敘拉古（Syracuse）等殖民市的人民，很少有羅馬人。

古羅馬的船隻也有郵船、客船

至於用來交易的商船，大小幾乎都是全長15至37公尺，載貨量100至150噸。穀物運輸船雖然少見，但是有高達300至500噸的。

此外，在路西安（Lucian）寫於二世紀的對話集《希望之船》（Navigium seu Vota）中，提到一台由亞歷山卓開往羅馬的穀物運輸船「伊西斯」（Isis）。據推測，該船的長55公尺、寬14公尺、高13公尺，載貨量有1200噸。

此外，船隻也運送旅客，主要是搭乘穀物運輸船，不過也建造有客船，據說也做為郵船使用。

人稱「向異教徒傳教者」的聖保羅，以海路為主三度到舊希臘世界傳道，最後為接受審判而留下在巴勒斯坦城市該撒利亞（Caesarea）上船，搭往羅馬的紀錄。據說他是和幾名囚犯一起轉搭開往義大利的亞歷山卓船隻。

那艘船是穀物運輸船，乘船人數多達276人，恐怕包括各式各樣的旅客在內吧。

商船

羅馬的商船在五百年間都與希臘船隻的構造一樣，船首與船尾較高。船體
全以木板製成，以一根桅桿為主帆。而在公元前一世紀左右，又在主帆之
外於船首加上小帆。但這種船只能於順風時在海上行駛，因此和船隻性能
更佳的地中海諸國相比，比較不利於海上貿易。

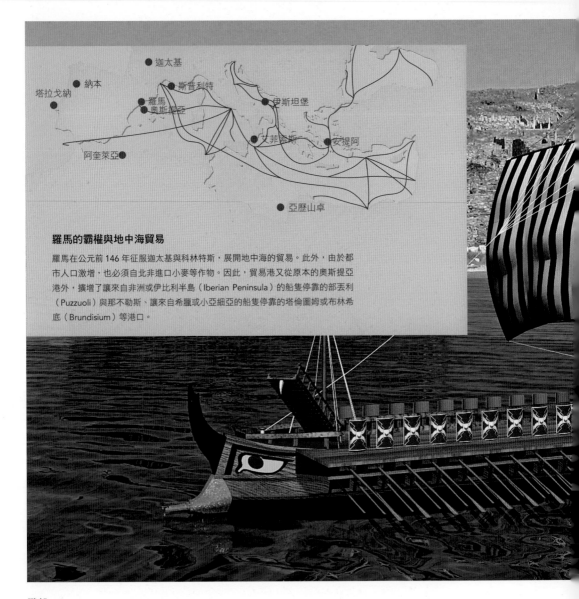

羅馬的霸權與地中海貿易

羅馬在公元前 146 年征服迦太基與科林特斯，展開地中海的貿易。此外，由於都市人口激增，也必須自北非進口小麥等作物。因此，貿易港又從原本的奧斯提亞港外，擴增了讓來自非洲或伊比利半島（Iberian Peninsula）的船隻停靠的部丟利（Puzzuoli）與那不勒斯、讓來自希臘或小亞細亞的船隻停靠的塔倫圖姆或布林希底（Brundisium）等港口。

地圖標示： 迦太基、納本、斯普利特、伊斯坦堡、塔拉戈納、羅馬、奧斯提亞、艾菲索斯、安提阿、阿奎萊亞、亞歷山卓

戰船

模仿希臘人或迦太基人所使用的單層甲板大帆船（galley），船首附有在敵船身上開洞的「衝角」。特徵在於稱為「corvus」的鐵勾舷梯，戰鬥時只要向靠近的敵船成功架起接舷吊橋，兩列在旁伺機而動的步兵就會一齊衝上敵船，展開肉搏戰。

陸軍大國羅馬緊急成立的海軍

　　原本只是陸軍國家的羅馬，並沒有戰船或商船，不過在公元前 264 至 241 年的第一次布匿戰爭爆發後，羅馬緊急開始建設海軍。

　　當時的羅馬據說是把迦太基的戰船解體，學習其建造方式，然後動員大希臘（Magna Graecia）地區的希臘人來造船。於是羅馬

在公元前 260 年與公元前 256 年，各新造了 100 艘與 230 艘戰船。

這些戰船據說大都是五層排槳，由 270 位水手與 120 位步兵、20 位軍官與士官共乘。

戰船是在奧斯提亞、那不勒斯、利基翁（Rhegium）、墨西拿（Messina）等地建造的。羅馬市民也會偶爾共乘，但大多都是給在羅馬之外的義大利半島徵募到的人們搭乘。羅馬海軍仰賴同盟國的艦隊編制與乘員結構，後來也都沒有改變。

公元前 241 年，羅馬擊潰迦太基艦隊後，就沒有國家能在海上與羅馬抗衡了。羅馬的海軍軍力因而停滯，海盜也橫行起來。因此在公元前 67 年，還留下龐培率領五百艘艦隊前往掃蕩海盜的紀錄。

一目瞭然！羅馬帝國的歷史與變遷

政體		年代	事件	建築物	同時期的國外動向
公元前	王制	753	（傳說）羅慕路斯建立羅馬	古羅馬廣場（600年左右）	迦太基（傳說）迦太基建國（814年） 日本 繩文時代
	共和政體	509	尤尼烏斯‧布魯特斯（Lucius Junius Brutus）等人廢止王政，共和政體誕生。以每年選出的兩位執政官為首長		希臘 希臘殖民至西西里與南義大利 波斯 居魯士大帝創建波斯帝國（550年左右） 希臘 雅典開始民主政體（508年）開始建設帕德嫩神殿（447年）伯羅奔尼撒戰爭（431〜404年）
		450	制定第一部成文法《十二木表法》		
		396	羅馬軍攻陷伊特魯里亞首都維愛		
		390	塞爾特族來襲，占據羅馬		
		367	制定《李奇尼亞‧塞克斯提亞法》		
		340	贏得羅馬戰爭，成立「羅馬聯盟」（〜338年）		希臘 亞歷山大大帝征服波斯帝國（333〜323年）
		270	稱霸南義的希臘諸城邦。統一盧比孔河以南的義大利半島	阿庇亞大道、阿庇亞水道（312年）	
		264	第一次布匿戰爭。將西西里西部納入統治（〜241年）		
		218	第二次布匿戰爭。掌握西地中海的霸權（〜201）		中國 秦始皇統一中國（212年）
		205	大西庇阿（Publius Cornelius Scipio Africanus Major）就任為執政官		中國 西漢建立（202年）
		168	第三次馬其頓戰爭。馬其頓王朝滅亡	重建馬西摩競技場（174年）	

政體	年代	事件	建築物	同時期的國外動向
公元前	149	第三次布匿戰爭（～146）。滅迦太基，設立羅馬行省非洲	馬爾基亞水道（144年）	中國 漢武帝即位（141年）
	133	護民官提庇留·格拉古著手於農地改革而遭暗殺	艾米利爾橋（Pons Aemilius）（142年）	
	121	護民官蓋烏斯·格拉古繼承亡兄意志著手改革，但在反對派逼迫下自殺	多米提亞大道（Via Domitia）（121年）	
	119	馬略就任護民官		
	112	朱古達戰爭（Jugurtha War）（～105年）		
	107	在朱古達戰爭中擔任總司令官的馬略獲選為執政官，致力於軍制改革		
	91	與造反的各同盟城邦間的同盟戰爭（～89年）		
	89	決定給予所有義大利人羅馬市民權（《尤利亞市民權法》）。同盟戰爭因而結束		
	88	第一次米特立達戰爭（～84年）		
	83	第二次米特立達戰爭（～81年）		
	81	蘇拉就任無期限獨裁官。結束改革後，自行辭去獨裁官職位（～80年）		
	80	於西班牙展開塞多留戰爭（～72年）		
	74	第三次米特立達戰爭（～67年）		中國 漢宣帝即位（74年）
	73	斯巴達克斯在卡布亞率領角鬥士抗爭（～71年）		
	63	龐培擊潰米特立達，稱霸東方。環地中海所有地域成為羅馬統治		

共和政體

政體	年代	事件	建築物	同時期的國外動向
	60	第一次三巨頭政治（凱撒、龐培、克拉蘇）		
	58	高盧戰爭開始（～50年）		
	55	凱撒第一次遠征不列顛，但撤退		
	54	凱撒第二次遠征不列顛，勝利後回到高盧		
	52	凱撒發行《高盧戰記》		
	49	凱撒渡過盧比孔河		
	48	凱撒在迪拉基烏姆（Dyrrachium）敗給龐培軍，但在法薩盧斯戰役（Battle of Pharsalus）中獲勝。龐培遭殺害		
	47	凱撒凱旋回到羅馬。		
	46	凱撒著手於制定儒略曆等改革，就任獨裁官。		
	45	凱撒在蒙達戰役擊潰龐培派		
	44	凱撒成為終身獨裁官。遭卡修斯、布魯特斯等人暗殺		
	43	屋大維當選為執政官。展開第二回三巨頭政治（屋太維、安東尼、雷比達）		
	42	屋大維與安東尼聯軍在腓立比戰役（Battle of Philippi）擊潰布魯特斯・卡修斯聯軍		
	37	安東尼與克利奧佩特拉結婚		
	31	亞克興海戰。屋大屋擊潰安東尼與克麗奧佩特拉聯軍		

（左側縱排標示）

公元前

共和政體

帝政

政體	年代	事件	建築物	同時期的國外動向
公元前	30	安東尼與克麗奧佩特拉自殺。托勒密王朝（Ptolemy Dynasty）滅亡，埃及成為羅馬行省	重建迦太基（28 年）奧古斯都陵寢（28 年）	
	27	屋大維雖宣言要回復共和政體，卻確立帝制。元老院封他「奧古斯都」稱號	萬神殿（27 年）	
	23	奧古斯都辭去執政官，獲得護民官特權		
	12	攻打日耳曼，推進至易比河（River Elbe）		
公元後 帝政	14	奧古斯都死去。提庇留（Tiberius Julius Caesar）成為第二任皇帝		中國 赤眉之亂（18 年）中國 劉秀（光武帝）建立東漢（25 年）
	27	提庇留至卡布里島隱遁		
	37	提庇留死去，卡利古拉（Caligula）成為第三任皇帝		
	39	卡利古拉計畫攻打日耳曼，但放棄		
	41	卡利古拉遭暗殺。克勞狄一世成為第四任皇帝		
	54	克勞狄一世（Claudius）遭暗殺。尼祿成為第五任皇帝		日本 倭奴國向東漢光武帝朝貢、獲授金印（57 年）
	64	羅馬大火。尼祿以放火罪等名目鎮壓基督教徒	金宮（Domus Aurea）（64 年）	
	68	溫戴克斯（Gaius Julius Vindex）叛亂。尼祿自裁。維斯帕先平定內亂，成為第九任皇帝（～69 年）	羅馬競技場、提圖斯門完工，帕拉提諾山丘的弗拉維亞宮殿動工（80 年）	
	98	圖拉真成為第十三任皇帝		
	101	第一次大夏戰爭（～102 年）		
	105	第二次大夏戰爭（～106 年）。大夏（現羅馬尼亞）成為羅馬行省		中國 中國發明紙（105 年）

政體		年代	事件	建築物	同時期的國外動向
公元後	帝政	113	圖拉真攻打安息（～ 117 年），戰爭勝利後將亞美尼亞與美索不達米亞南部併為行省，圖拉真於戰後歿	圖拉真廣場、圖拉真紀念柱（112 年）	
		117	哈德良成為第十四任皇帝	重建帕德嫩神殿（118 年）哈德良長城（122 年）	
		161	奧理略與維魯斯（Lucius Ceionius Commodus Verus）展開共治		中國 奧理略使節訪中（166 年）
		194	塞佛留大帝第一次遠征安息		
		197	塞佛留大帝第二次遠征安息		
		211	卡拉卡拉就任皇帝		
		212	卡拉卡拉授與帝國內所有自由民眾羅馬市民權（《安東尼敕令》）	卡拉卡拉浴場（216 年）	
		217	卡拉卡拉遭暗殺		中國 漢朝（東漢）滅亡（220 年）
		284	戴克里先就任皇帝	奧理略牆（271 年）	
		293	戴克里先大帝將帝國分割為東西兩國，各由一正帝與一副帝統治		
		303	戴克里先大帝大肆迫害基督教徒（～ 304 年）		
		312	君士坦丁就任西羅馬帝國皇帝		
		313	君士坦丁頒布《米蘭敕令》，公開承認基督教		
		324	君士坦丁重新統一帝國，成為單一皇帝		
		330	君士坦丁堡成為帝國新都	君士坦丁大帝建成聖彼得大教堂（329 年）	

政體		年代	事件	建築物	同時期的國外動向
公元後	帝政	379	狄奧多西（Flavius Theodosius）就任皇帝	君士坦丁堡建立第一座聖索菲亞大教堂（360年）	
		395	狄奧多西大帝將羅馬帝國切分為東		

政體		年代	事件	政體	事件	同時期的國外動向
公元後	西羅馬帝國	401	擊潰襲擊北義大利的西哥德族	東羅馬帝國		
		402	將宮廷由羅馬移往拉文納（Ravenna）			
		410	西哥德族掠奪羅馬			
		418	西哥德族以土魯斯（Toulouse）為首都建國			
		421			東羅馬軍擊敗波斯（～422年）	
		429	汪達爾人（Vandal）征服北非、建國			
		455	汪達爾人掠奪羅馬			
		476	最後一任羅馬皇帝羅慕路斯・奧古斯都（Rom-ulus Augustus）遭罷黜、西羅馬帝國滅亡			
		527			查士丁尼一世（Justinianus I）就任皇帝	
		540			拜占庭帝國再度統一義大利	日本 大化革新（645）
		726			皇帝里奧三世（Leon III）發布聖像禁止令	
		1453			君士坦丁堡遭鄂圖曼土耳其帝國攻擊，拜占庭帝國滅亡	

羅馬帝國的歷史，令活在現代的我們十分感興趣。

羅馬誕生出凱撒、奧古斯都等多位英雄，自古以來大家就很好奇她成為史上少有的長壽國家，背後的成功故事。在現代的領導理論或組織理論中，也經常會出現羅馬時代英雄們的大名。此外，在羅馬超過千年的歷史中漸漸傳播開來的許多戲劇般情節，都成了《神鬼戰士》等電影或書籍的題材，以各種形式繼續傳頌下去。

羅馬帝國就是這麼扣人心弦，歷經近兩千年還仍在後世留下許多印記。究竟她是個什麼樣的國家？現在就來復習一下羅馬的歷史吧。

理解羅馬帝國的兩大重點

要回顧羅馬歷史，有兩個應該先知道的重點。

其一是在她超過千年歷史中，逐次改變的政治體系。

雖然我們現在只以「羅馬帝國」稱之，但羅馬其實是王政體制。這個位於義大利半島中心地帶的小小王國，不但統一了整個半島，還稱霸地中海，甚至成為歐洲霸主。伴隨著這樣的情勢變化，政治體系也慢慢產生改變。也就是說，只要我們追蹤羅馬政治體系的變化，就等於是在回溯羅馬的歷史。

第二個重點是在羅馬歷史中不知登場過幾回的「羅馬市民權」一詞。

所謂的「羅馬市民權」，就是以參政權為首的各種賦與羅馬市民的特權。雖然必須負擔服兵役的「直接稅」，但是不但沒有其他直接

稅，還可以享受稅制上的各種優惠措施。

行省的市民多半是得到拉丁市民權，或是義大利人這種「非羅馬市民」的對待。這些非羅馬市民不但必須向行省繳納直接稅，還負有服兵役的義務，等於是被課了雙重的稅。

就是透過對「羅馬市民權」的巧妙控制，羅馬才得以擴張領土。

順便一提，如果看到羅馬市民受到這麼好的對待，就以為羅馬和現代一樣是個民主社會，可就大錯特錯。當時的社會有奴隸存在，女性的地位也很低。所謂的市民，應該是指具有參加政治權利的階級。

在了解這些前提後，我們再來看羅馬的歷史變遷。

建國之祖實施的羅馬同化政策

從羅馬建國的歷史，就讓人感受到未來她會成為一個世界國家。因為羅馬從一開始，就不是單靠羅馬市本身所構成的。

羅馬的建國之祖羅慕路斯，是由阿爾巴隆加（Albalonga）的公主所生，他還有一個雙胞胎弟弟雷慕斯（Remus）。但後來兩兄弟因為捲入王位繼承的爭奪戰，被人丟到台伯河裡隨波逐流。兩人後來被母狼所救，由當地的牧羊人養大，成長為勇者。最後他們去找把兩人丟到河裡的阿爾巴隆加國王復仇，建設新的社區。兩兄弟因為王位的問題對立，最後羅慕路斯殺害雷慕斯，並以自己的名字命名新城市為「羅馬」。

不過，這個新社區有個很大的問題，就是裡頭全都是男的。這麼下去，將會無法傳宗接

代，社區會因而滅絕。因此，羅馬人以祭典為藉口，拐騙出附近的薩賓人，打算把對方的女性據為己有，當成妻子。

羅馬因而與薩賓人交戰，戰鬥一直都是在羅馬人占優勢下進行。後來，羅慕路斯讓薩賓人伏首稱臣，但是未把對方當成奴隸，而是採取和平融合的做法。

也就是說，也賦予薩賓人羅馬市民權與元老院席次，甚至連王位都共享。在提出這些讓步方案後，雙方提出相當於對等合併的和平手法。

後來的希臘歷史家普魯塔克（Plutarchus）如此稱讚這樣的想法：「沒有比這種連輸家都要同化進來的做法更讓羅馬強大了。」相較於對羅馬帶來莫大影響的各古希臘城邦（polis）間不斷爭鬥的歷史發展，羅馬從建國時期開始，就透過與其他民族進行友好合併，而踏上以多民族國家往外擴大的成長道路。

政治制度自王政轉變為共和政體

羅慕路斯確立了羅馬的國家形態後，並未把國家權力集中到自己身上，而是創造了由國王、元老院與市民會議等三股力量形成的平衡體系。

不過，有「傲慢王」之稱的第七代國王塔奎尼烏斯（Tarquinius Superbus）登場後，王政時期因而落寞地走向結束。

野心勃勃的塔奎尼烏斯把前一代國王塞爾維斯趕下台，自己坐上王位。接著，他又破壞長年維持下來的三權平衡體系，在無視於元老院與市民會議下推動政治，導致市民不滿。

最後，塔奎尼烏斯因為獨子的醜聞而落人把柄，遭到放逐。羅馬經此教訓後，催生出新的政治平衡體系，改為選出任期一年的兩名執政官，代替國王取得最高命令權。

階級鬥爭出現，政治產生質變

代替持續了 224 年的王政，由執政官、元老院與市民會議構成的共和政體誕生了。

然而，除政治體系外，隨著國家的成長，羅馬面臨的問題也增加了。

其一就是發生在貴族與平民間的階級鬥爭。從王政的政治體系變為共和政體後，元老院的權力不斷擴大，引起不少民怨。

為解決此問題，公元前 450 年羅馬制定保護平民權利的《十二木表法》，進而確立了由平民選出、對執政官具有否決權的「護民官」新制度。

此外，在公元前 367 年，羅馬又制定倡導貴族與平民間機會均等的《李奇尼亞‧塞克斯提亞法》（Lex Licinia Sextia）。藉此，只要是羅馬市民，任誰都能擔任共和國的官職。數年後，還加入「平民只要有官職經驗，就能擔任元老院元老」的制度。如此，羅馬的共和政體就變成實質上由元老院主導的寡頭政體了。

包括擴大政策在內的進一步階級鬥爭

在政治日漸成熟的過程中，羅馬的對外發展也急速展開。

公元前 390 年遭高盧人占領的羅馬，後來在拉丁戰爭中平定了造反的拉丁同盟國，並

在歷經薩姆尼特戰爭後，於公元前 270 年統一義大利半島。接著，即便面對艱辛的苦戰，羅馬還是在多達三次的布匿戰爭中擊敗北非的迦太基，於公元前 146 年稱霸地中海一帶。當然，在這樣的擴大政策中，對於合併進來的各國，也一樣採取與羅馬建國時期一樣的同化政策。也就是說，視其與羅馬間的關係，賦與羅馬市民權或拉丁市民權，藉以建立更緊密的羅馬聯盟。

然而，成為稱霸地中海的大國，卻讓羅馬發生進一步的階級鬥爭。急速擴增的領土落入部分富裕階層之手，再加上他們雇用來自行省的廉價奴隸興建大規模農園，讓自己富上加富。而服完兵役回來的原自耕農，會發現奴隸搶走自己原本的工作，因而變得貧困。

富裕階層與貧困階層之間的差距明顯擴大，即使贏得戰爭，羅馬街上還是充斥著失業者。

挑戰共和政體的改革者們

毅然絕然挺身挑戰這種狀況的，是提庇留・格拉古（Tiberius Sempronius Gracchus）與蓋烏斯・格拉古（Gaius Graccus）兩兄弟，以及蓋烏斯・馬略（Gaius Marius）等改革者。

最先發難是公元前 133 年獲選為護民官的哥哥提庇留・格拉古。他的做法是農地改革，把貴族與元老院元老們應歸還不法借得的土地，分配給貧困的平民與失業者。

但由於侵害到既得利益者，遭到爬到自己頭上進行改革的元老院層級，對他大感不滿。挺提庇留與反提庇留派在羅馬中心地帶發生衝突，最後提庇留與三百多名支持者共同慘遭殺害。

繼承了亡兄的意志，弟弟蓋烏斯・格拉古也在十年後當選為護民官。他展開照顧失業者以及配發便宜穀物等救濟平民的改革措施。

然而，由於蓋烏斯也提倡給予拉丁市民、義大利人階段性的羅馬市民權，讓元老院大為光火。他不但受阻無法再參選護民官，最後還無奈地被迫自殺。

由於格拉古兄弟的改革遭逢挫敗，羅馬因而未能整頓國家體制。面對各地爆發的戰鬥、叛亂，羅馬束手無策，而且對外也陷入苦戰。

此時出現蓋烏斯・馬略（Gaius Marius）。他把兵役由徵兵制轉換為志願制，廢止羅馬市民的兵役義務。接著他支付軍餉給志願從軍的士兵，藉由替失業者開闢一條道路，增強戰力，並照顧失業者，等於是提出一石二鳥的對策。

然而，這樣的改革讓未具有羅馬市民權、服兵役仍是義務的羅馬聯盟各國出現反彈，演變為同盟戰爭。最後，羅馬在公元前 89 年制定視同盟國市民也具有羅馬市民權的《尤利亞市民權法》（Lex Iulia de Civitate Latinis Danda），為這場戰爭畫下休止符。

雖然很難說這就是原本預期的結果，但以結果來看，以馬略的軍政改革為契機，羅馬踏出成為世界國家的第一步。

蘇拉的改革與共和制度的結束

然而，馬略的軍政改革還隱含了很大的問題。

問題在於，身為指揮官的執政官與士兵的關係變得更加緊密。由於成為志願制，軍隊的上下關係較以前還大大仰賴個人間的關係，這使得大家開始擔心，會有和連續五年擔任執政官的馬略一樣，靠著軍事力量取得權力的人出現。為此，試圖維持共和政體、解決此一問題的，就是蘇拉（Lucius Cornelius Sulla）。

羅馬就以蘇拉與馬略相互抗衡的形態演變為內亂，在長達六年的抗爭最後，蘇拉獲勝，就任為獨裁官。

當上獨裁官的蘇拉，有很明確的改革目標。他規畫完備的管理體制，以避免有人會像馬略那樣挾軍事力量發動政變。然而，蘇拉以自己的方式完成改革後，才短短兩年就離開獨裁官的位子，引退而去。

但諷刺的是，在蘇拉引退後，由於不斷出兵，在一次次的戰役中，再度有龐培、凱撒等人挾其軍事力量掌握了權力。

凱撒所構築的通往「羅馬和平」之路

國內情勢變得不安定，羅馬還是由地中海往外擴張霸權，成為歐洲的霸者，而且也轉變為帝制。在此一歷史轉捩點登場的，是儒略·凱撒。

凱撒與龐培、克拉蘇結成「第一次三巨頭政治」的非正式政治合作後，就遠征高盧達八年之久。他把遠及現在比利時的地區都納為羅馬行省，掌握龐大的勢力。

接著，與龐培斷絕過去關係的凱撒，挾其軍力進軍羅馬、擊潰龐培軍，後來又與埃及的克麗歐佩特拉結盟，在北非伊比利半島殲滅龐培勢力。

然後在公元前 44 年，凱撒把自己於公元 46 年就任的獨裁官任期改為終身制後，就完全掌握了權力。至此，羅馬共和政體的歷史畫上休止符。

然而，成為終身獨裁官的凱撒，在短短兩個月後，就遭到以布魯特斯（Marcus Junius Brutus）為首的十四名元老院元老暗殺身亡。

即便如此，凱撒為期短暫的在位期間，依然為日後稱為「羅馬和平」的和平時代打開了一條大道。

親自遠征高盧、以擴大羅馬領土為目標的凱撒，由於比誰都還感受到寡頭政治的能力界限，才會自行擔任獨裁官力求集中權力。

此外，他對於行省的居民也積極給與權利，像是任命高盧的部族長為新任元老院元老，以及賦予其羅馬市民權等等。藉此，凱撒雖然是以中央集權為基本手段，但同時卻也保留行省自主的統治方式，成功地把羅馬整合為一個龐大的國家。

奧古斯都的登場與轉為帝政羅馬

凱撒壯志未酬就遇刺身亡，在他死後，遺志就由獲任命為繼位者的屋大維（奧古斯都）來繼承。屋大維發起第二回三巨頭政治，

以繼承凱撒勢力在公元前 42 年擊潰仇敵布魯特斯的軍力。接著又在公元前 31 年的亞克興海戰中擊潰了彼此對立加深的安東尼與克麗歐佩特拉聯軍，追擊到迫使兩人自殺，結束了戰爭。至此，屋大維除安定周邊地域外，也結束長達百年的內亂，確立了「羅馬和平」。

此外，在國內外制服棘手敵人的屋大維，為了不重蹈凱撒覆轍，大膽但慎重地掌握獨裁實權，成為羅馬在軍事、政治上的實質統治者。

屋大維雖未逕行稱帝，但至此羅馬已誕生實質的首任皇帝，進入帝政時期。

羅馬的稅制以及「麵包與馬戲」

做為支撐「羅馬和平」根幹的制度，奧古斯都留下的最大功績就是賦稅制度。

在羅馬歷史中，奧古斯都首度實施「繼承稅」，並引入五種直接與間接稅，修正羅馬市民與非羅馬市民間的強烈不公平感，並藉以籌措維持常備軍力的費用為主的財政支出。

他以這套簡單的稅制治理國家，其他支出全都徹底斷除。例如，公共教育或醫療，就積極活用民間資源來推動。還有，他也提出各種重建財政的對策，像是把常備的羅馬軍隊刪減到約三分之一的規模，以來自各行省的士兵取代，活用他們做為輔助兵力。

正如「麵包與馬戲」一詞所象徵的，大家都說羅馬帝國對市民採取相當優渥的對待方式。然而，即便如此，與其視之為社會福利，不如看做是權力者對於支持群眾示好的一種方式。據傳這才是比較主要的用意。

如此這般平衡歲收與支出下，奧古斯都在其後 40 年以上的在位期，為羅馬帝國奠定良好的基礎。

伴隨崩毀預兆而來的「無上幸福」時代

帝制雖然為市民所接受，但隨時間過去，他們也隱約流露對這種制度的不滿。

因為羅馬的帝制不同於一般帝制，並未將世襲制正常化，因此皇帝沒有穩固的後盾。這使得皇帝不斷與以元老院為首的抵抗勢力發生權力鬥爭，漸漸呈現出後來持續混亂的軍人皇帝時代的徵兆。

但在那陣混亂之前到來的，是十八世紀歷史家吉朋（Edward Gibbon）以「人類所經驗過的最幸福時代」形容的「五賢君時代」。以圖密善遭暗殺後即位的涅爾瓦大帝（Marcus Cocceius Nerva）為首，再加上圖拉真、哈德良、安東尼·庇護、奧理略等五位皇帝，使羅馬這個人口逾五千萬人的巨大帝國進入全盛期。

在那段時期，羅馬帝國的領土擴展到最大。在採取積極外擴政策的圖拉真手中，東方連大夏（現羅馬尼亞）都納為羅馬領土，羅馬帝國等於從西歐到小亞細亞、埃及、不列顛為止，全都納入旗下統治，擴增為巨大帝國。

接下來的哈德良與安東尼·庇護的時代，則致力於安定已擴大的領土，在不列顛建造哈德良長城（Hadrian's Wall）、日耳曼長城（Limes Germanicus），以及安東尼牆

（Antonine Wall），做為邊境的防衛手段。

即便如此，在進入人稱「哲學家皇帝」的奧理略大帝時期後，羅馬與安息人或日耳曼民族等邊境部族間的衝突就愈來愈多。不得不強化對此因應的奧理略病死於遠征地維也納後，和平時期就宣告結束了。後來，成為後繼者的奧理略之子康茂德大帝也遭到暗殺，羅馬遂進入「危機的三世紀」。

國家的分裂與羅馬帝國的滅亡

在康茂德大帝遭暗殺後，塞佛留（Lucius Septimius Severus）即位成為皇帝，進入大力依存軍隊力量「軍人皇帝時代」。

此後約五十年間，進入高達二十六位皇帝即位的混沌期，繁榮一時的羅馬帝國，終於也顯露出滅亡的影子了。

公元 284 年即位的戴克里先大帝，放棄單獨統治巨大的羅馬帝國，將之分割為東西兩國，分別設置正帝與副帝，發展出「四帝共治制」（Tetrarchy）。此外，他也推動稅制重整，希望重建帝國。後來接位的君士坦丁大帝（Gaius Flavius Valerius Constantinus）在公元 330 年將君士坦丁堡（Constantinopolis）建設為新都後，東西羅馬帝國的分裂就成為定局。

君士坦丁大帝死後，經過狄奧多西大帝（Flavius Theodosius）時期，羅馬帝國實際分割為二，領土漸漸縮小。領土萎縮尤其顯著的西羅馬帝國，在日耳曼民族大移動的浪潮中遭到吞沒，於公元 410 年為西哥德族所占領。後來在公元 476 年，西羅馬帝國遭到罷黜其皇帝的奧多亞克（Odoacer）所滅。

另一方面，東羅馬帝國在君士坦丁大帝時期發行索利都斯（Solidus）金幣以及制定穩定價格的最高價格法令，構築起經濟發展基礎。克服了與各伊斯蘭教國家間的勢力爭奪問題，成為聯繫歐亞的要地。一直到公元 1453 年遭鄂圖曼土耳其帝國所滅為止，持續了近千年。

羅馬帝國給我們的啟示

以上，我們很快地看過羅馬帝國的歷史，可以發現她的存在過程並非一直保持安穩，而是克服許多令人驚訝的變化才發展起來。

針對與周邊各國間的不斷衝突、國家巨大化下的財政問題、階級鬥爭不斷發生的各種問題，羅馬帝國常能以具有彈性的方式因應解決，讓國家得以存續下來。這種自我變革能力，可說正是羅馬帝國的最大武器。

此外，在把周邊諸國列為行省的過程中，她也會控制羅馬市民權的給予，巧妙地成功同化周邊諸國。透過充足的道路網與文化、藝術設施等對策，把「羅馬」這個品牌提升到最大限度，也把羅馬化的魅力展示到最大限度，實現多民族的融和。正因為如此，羅馬才能成功構築起世界獨一無二、巨大而長壽的帝國。

一想到自羅馬帝國之後，就沒有能夠媲美羅馬的國家誕生，以及考慮到近年來紛爭不斷的全球局勢，對生長於現代的我們而言，應該從羅馬的歷史中學習的東西，或許還有很多呢。

來去古羅馬！古羅馬遺跡旅遊指南

看完本書，應該有很多人想到羅馬去玩吧。因此要在這裡簡單為各位 介紹到羅馬遺跡觀光的基礎知識。

（編註：根據羅馬當地最新公布的資訊為准，詳情可查閱 Rome Pass 官方網站 http://www.Romepass.it【意大利語版】）

羅馬競技場

　　長 188 公尺、高約 50 公尺，可容納五萬人的巨大圓形競技場。售票處是從大馬路往凱旋門的競技場內部。入場券與帕拉提諾山丘、古羅馬市集共通使用，為 12 歐元。搭地下鐵 B 線到羅馬競技場站前。

馬切羅劇場

　　凱撒著手興建、奧古斯都完工的圓形劇場。完成時高 32 公尺，兩層樓建築，可容納一萬五千人以上觀眾。免費入場，可從威尼斯廣場走馬切羅劇場街（Via Del Teatro di Marcello）約 3 分鐘路程。

帕拉提諾山丘

　　羅馬皇帝或貴族的居住地。入口有二，一個在古羅馬廣場的提圖斯凱旋門左側，另一個在聖葛雷里奧街（Via di San Gregorio）。入場券與羅馬競技場、古羅馬市集共通使用，為 12 歐元。

波圖努神殿

　　祭祀河港之神波圖努的神殿。與赫克力士神殿相鄰，建於面對真理之口廣場的小公園內，是現存最古老的羅馬建築。可從威尼斯廣場走馬切羅劇場街約 5 分鐘路程。

馬西摩競技場

　　舉辦戰車競賽的羅馬最大戰車競技場。長 620 公尺、寬 120 公尺以上，場內可容納 15 萬人。目前只留有部分觀眾席，左手邊有一片市營的玫瑰園。搭地下鐵 B 線到馬西摩競技場站前。

赫克力士神殿

　　祭祀赫克力士的神殿，是羅馬現存最古老的大理石建築。為圓形神殿，四周圍有二十根科林斯式圓柱。可從威尼斯廣場走馬切羅劇場街約 5 分鐘。

古羅馬廣場

古羅馬廣場

　　古羅馬的政治、經濟、商業中心。日落後燈火通明的
景象很夢幻。從帝國議事廣場大道（Via Fori Imperiali）
的 Vog La Malfa 廣場內部有幾個入口前往，免費入場。
搭地下鐵 B 線至羅馬競技場站，步行 5 分鐘。

萬神殿

龐培劇場暨迴廊遺構

　　龐培所建的羅馬第一座石造半圓形劇場。劇場與
神聖區（Area Sacra）之間的迴廊一隅曾是舉辦元老院
會議之處。現在，位於劇場遺跡的餐廳地下，仍可一
面用餐一面觀賞當時牆壁的局部。

許願池

許願池

　　以「背對著它丟硬幣，丟進去就能重回羅馬」的傳說聞名的巴洛克藝術傑作。由尼古拉・沙維（Nicola Salvi）設計，1762 年完工。位於窄巷前方，搭地下鐵 A 線至巴貝里尼站（Stazione Barberini），或從公車站步行前往。

提伯利納島

　　台伯河上唯一的河中島。公元前 291 年，島的東側建有希臘的醫學之神阿斯庫勒比爾斯（Aesculapius）神殿，相當於現代的醫院。現在也設有醫院，可自馬切羅劇場步行約 2 分鐘。

帝國議事廣場

　　皇帝的廣場（公共廣場）之集合體。在靠羅馬競技場側的商務中心有挖掘作業的展示板以及皇帝的半身塑像等。搭地下鐵 B 線至羅馬競技場站，步行約 3 分鐘。

萬神殿

　　現在羅馬遺跡中最 完整的一個，同時也是全球最大的石造建築。興建於公元前 27 年，但因火災燒毀，目前的建築是公元 118 年由哈德良大帝重建。免費入場，可從威尼斯廣場步行約 5 分鐘。

卡拉卡拉浴場

　　公元 216 年建成，可一次容納一千六百人的大型浴場之遺跡。近年以夏季舉辦的大規模戶外歌劇聞名。搭地下鐵 B 線至馬切羅劇場後，步行 500 公尺左右。入場券包含阿庇亞大道參觀券在內（七天內都有效），6 歐元。

奧理略紀念柱

　　為紀念奧理略大帝勝戰，而在他去世後的公元 180 年建立的。聳立於科羅納廣場（Piazza Colonna）中央的這根高達 30 公尺的柱子，是仿圖拉真紀念柱所造，上頭刻有戰時場景的浮雕。

塞維安牆遺跡

　　歷經兩千五百年，現在仍留存於特米尼車站前的城牆遺跡。羅馬第六代國王塞爾維烏斯為保護羅馬所建造的圍住七座山丘的城牆。全長約 10 公里，原本共有十四座城門，但遭凱撒拆毀。

奧理略紀念柱

戴克里先浴場

　　一次可容納三千人的大型浴場。內部以前是連教堂、庭園都有的羅馬市民休憩場所。緊鄰特米尼車站，現在成為羅馬國立博物館的一部分。入場券為通用券，7 歐元（三天內都有效）。

圖拉真浴場遺址

　　圖拉真大帝時代的建築家阿波羅多魯斯（Apollodoro di Damasco）所設計。現在成為拉真公園，只有零星幾個紅磚造遺構。1997 至 1998 年間挖掘時找到了都市鳥瞰圖的濕壁畫（fresco）。搭地下鐵 B 線到羅馬競技場站，再步行 5 分鐘可至。

戴克里先浴場

聖彼得大教堂

奧古斯都陵墓

　　模擬埃及亞歷山卓的亞歷山大大帝陵墓所建的奧古斯都陵墓。周圍的民居在墨索里尼時期遭拆除，現在為乾水溝所圍。僅每週六、日上午十時至下午一時開放，免費入場。

聖天使古堡

　　二世紀初建為哈德良大帝陵墓之用，後來做為羅馬歷代皇帝的陵墓、要塞、教皇住所、監獄等各種用途。目前內部是聖天使古堡國立博物館，入場券 5 歐元。

聖彼得大教堂

　　天主教教會的統轄中心，聖彼得殉教之地。原本所建教堂於十五至十七世紀由米開朗基羅重建。以入口右手邊的聖母像「聖殤」（Pieta）最為有名。若要前往可鳥瞰羅馬的圓頂，搭電梯 5 歐元，走樓梯 4 歐元。

羅馬市內的交通與移動方式

重要遺跡都集中在羅馬中心地帶，要想有效在羅馬來場遺跡巡禮，最有效的方式是較近的地點以步行為主，再輔以交通工具。

此外，由於地下鐵只有兩條路線，若能搭配公車，會更有效率。公車站牌一定會設有公車停靠站的看板，只要預先記好靠近目的地的廣場名稱等資訊即可。

車票可以在地鐵車站或公車總站的自動販賣機，或是寫有 BigiettoATAC 的咖啡座（bar）、香菸攤（tabacchi）買到。每張票可以無限次搭乘 75 分鐘的地鐵、公車。除此之外，還有一日券（4 歐元）、3 日券（11 歐元）、1 週券（16 歐元）等等。開始搭乘時，別忘了利用車站或公車上的機器蓋上日期戳印。特米尼車站有巡迴主要觀光景點的 110 號市內觀光公車（每天 13 歐元）以及 Archeobus 觀光巴士（每天 8 歐元），也可以多加利用。

由於羅馬的道路多為單行道，較為複雜，搭計程車可能會更花時間，這點請留意。

前往方式

◉ 阿庇亞古道上仍留有過去景象的地方，都在距羅馬市內略有距離處。可從特米尼車站搭觀光巴士 Archeobus（每天 8 歐元）前往。若要搭地下鐵與公車前往，則由地下鐵 A 線的 Colli Albani 站改搭 660 號公車。水道橋一樣搭地下鐵 A 線，自 Numidio Quadrato 車站往南約 10 分鐘左右。

◉ 要前往奧斯提亞遺跡，可於地下鐵 B 線 Eur Magliana 站改搭民營鐵道 Ostia Lido 線（每 30 分鐘一班）約 40 分鐘左右到達。地下鐵車票可直接使用，不必重新買票。車站一出來往前走幾分鐘，就到達販賣遺跡入場券的售票處。入場費用 4 歐元，由於是除遺跡外別無他物的車站，用餐只能在遺跡內的自助餐廳或站前的小咖啡館，最好先規畫好再去。

◉ 要前往龐貝古城，可以在義大利國鐵（fs）那不勒斯中央站的地下 Circumvesuvio 週遊鐵路的那不勒斯往蘇連多（Sorrento）的方向搭約 40 分鐘，即可到達龐貝的神祕山莊（Villa dei Misteri）站。站前就是進入龐貝遺跡的入口。電車每 30 分鐘一班，到龐貝為止是 1.6 歐元。龐貝遺跡的入場券是 8.62 歐元的 1 日券。自羅馬至那不勒斯可由特米尼車站搭特急列車（ES 或 IC），約 1.5 至 2.5 小時左右可抵達。

（編註：根據羅馬當地最新公布的資訊為准，詳情可查閱 Rome Pass 官方網站 http://www.Romepass.it【意大利語版】）

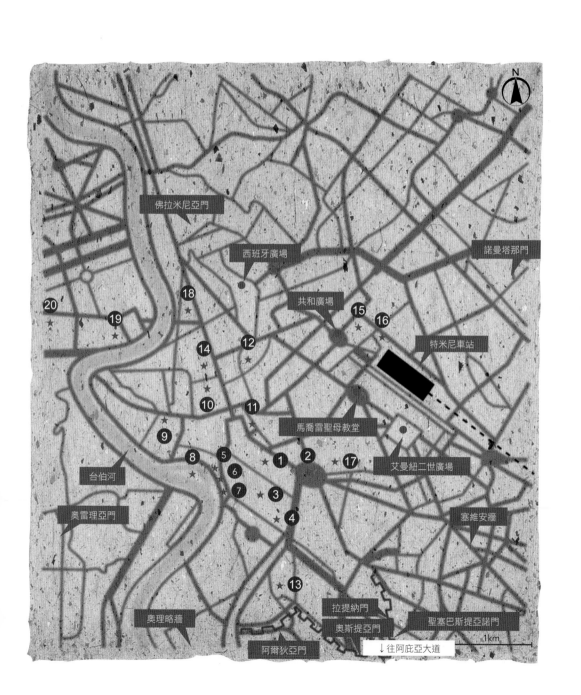

CG 製作記

　　首先，要感謝給我這個機會的雙葉社 MOOK 編輯部、幫忙構成全書版面的 Office J.B 的飯田先生、在羅馬當地因為我們的無理要求而辛苦的 Grazia Giuntini 先生、關於羅馬的噴泉提供寶貴意見的森山老師，以及我的家人。

　　這次的主題「古羅馬」十分迷人，也很困難。尤其是以數位影像重現的場景，無數的雕像與羅馬市民等等，由於目前電腦硬體的限制很難重現，有許多都省略了。我期待幾年後這些限制可以消除，讓我可以把它們都繪製出來。關於建築物或構造物，由於幾乎沒有任何記載提到製作時所需的尺寸資訊，也就是「設計圖」，所以很多都是依推測而製作。

　　2006 年的世界盃足球賽，義大利贏得冠軍。在義大利職業聯賽的羅馬兩支隊伍中，SSLazio 隊是以象徵羅馬帝國的雄鷹為隊徽，AS Roma 則是以卡庇多之狼為隊徽。

　　下圖是殘存於羅馬的「SPQR」。SPQR 是拉丁語「Senatus Populusque Romanus」的縮寫，意思是「元老院與羅馬人民」，代表羅馬共和時期羅馬帝國的主權所在。從過去到現在，SPQR 就像日常打招呼一樣到處出現，目前甚至還刻印在羅馬市的盾形圖、排水溝蓋上或下水道進出口上。羅馬就是如此地以歷史為傲，到現在依然是吸引全球目光的焦點。

知識叢書1046

來當一日羅馬人
CG世界遺產　古代ローマ

作　　者	後藤克典
譯　　者	江裕真
主　　編	林芳如
編　　輯	謝翠鈺
企　　劃	林倩聿
美術設計	賴佳韋
設計協力	陳璿安
董 事 長	趙政岷
總 經 理	

出 版 者　時報文化出版企業股份有限公司

　　　　　10803台北市和平西路三段二四〇號七樓

　　　　　發行專線：（02）23066842

　　　　　讀者服務專線：0800231705，（02）23047103

　　　　　讀者服務傳真：（02）23046858

　　　　　郵撥：19344724 時報文化出版公司

　　　　　信箱：台北郵政七九～九九信箱

　　　　　時報悅讀網：http://www.readingtimes.com.tw

法律顧問　理律法律事務所　陳長文律師、李念祖律師

印　　刷　詠豐印刷有限公司

二版一刷　2015年9月25日

定　　價　280 元

國家圖書館出版品預行編目(CIP)資料

來當一日羅馬人／後藤克典作；江裕真譯.
-- 二版. -- 臺北市：時報文化, 2015.09
面；　公分. --（知識叢書；1046）
ISBN 978-957-13-6387-5 [平裝]

1.社會生活 2.文化史 3.古羅馬

740.225　　　　　　　　　　104016916

ROMA ANTICA

© Katsunori Goto/ Office J.B 2006
All rights reserved.
First published in Japan in 2006 by Futabasha Publishers Ltd., Tokyo.
Chinese translation rights arranged with Futabasha Publishers Ltd.
Through Future View Technology Ltd.

ISBN 978-957-13-6387-5
Printed in Taiwan